世联地产顾问丛书

世联地产 编著

前线故事

山西出版集团
山西人民出版社

序言 ▶

前线，仍是地产英雄的所在

中国房地产的大周期已开始进入中段，即从一个快速发展期逐渐进入相对稳定的发展期，就好比是从一个"愣头青"步入稳重的中年，此间历经二十年，可谓英雄辈出。

每当我们翻阅地产界出版的各种书籍、报刊时，可以统计出如下规律——这些活跃在文字中的"英雄"，百分之八十是地产商的老总们，剩下的百分之二十则分别由策划大师和设计大师充当，总之他们是行业领袖，他们开创了中国地产波澜壮阔的局面。对此我们并不持异议，但这里有着极其严重的缺失：

（1）英雄们的出处大多由媒体制造和热炒，而媒体之所以如此多半是为了广告投放的效应；

（2）中国的叙事传统是宏大的历史叙事，我们偏爱"高大全"，甚于偏爱工具理性，我们总是认为英雄创造历史并且尤感兴趣于英雄们的"制敌一招"；

（3）中国地产有今天，最主要的一方——地产的卖家至今没有被完整地、鲜活地描述。

他们才是真正的英雄制造者。毛主席说过：人民，只有人民才是推动历史的动力。当我们翻阅坊间的出版物时，得到的最多的体会可能是这样的——一位有着战略思维的开发决策者，恰当地把握了时机，整合了恰当的资源（策划和设计），一举创造了奇迹。应该说这原本是正确的路径，可是问题的关键在于：正确的战略是从哪里来的？是从天上掉下来的吗？不是。是人头脑中固有的吗？也不是。正确的战略只能从实践中来，只能从买卖双方博弈的前线中来。

问题到此也不算是说透了，事实上战略是一个被地产界过分渲染的词汇。从总体上看，身处中国几千年未有之迅速发展的大建筑时代，战略真的那么至关重要吗？看一看普遍存在的"城中村"问题吧！我们这些已被城市化的农民兄弟们，是历来被认为目光短浅、没有系统战略思维的群体，但是他们不断在城中自己的宅基地上拔高房子并分户出租，迅速成为城市中的富人——从农民阶级一跃成为食利阶层，根本不用上什么"富爸爸"的课。

目前地产界有关战略的问题实质上大多是假问题，远没有战术来得有意义。世联前线工作的同事们普遍都有一种看法：楼卖不卖得动常常取决于一张价目表、一次销控、一套精细的策划案和服务流程的改善，与大的战略并无太大关系。战术问题之所以到今天还没有得到应有的重视，关键在于"战术"并不是"What"、"Where"、"Who"的大问题，而是"How"甚至于"Knowhow"的小问题，是技术问题。而这些完全来源于前线。

所谓专业分工提高效率的实质，是各环节并不总是探讨同一问题，而是在各自专注的领域不断改善工作技巧，发展出各环节的

"Knowhow"。我们在欧美等房地产成熟市场，甚至是新加坡和香港特别行政区，也找不到像中国这样的房地产英雄，原因就在于此。

让前线讲话，让市场还原她最有魅力的一面，是如此的重要。因为这样能够纠正我们的偏见，能够深化和总结细分化的专业服务。这是我们地产营销发展的必然阶段，也是工具理性建设的第一步，就犹如那个著名的"哈根达斯试验"：

假定有两杯哈根达斯冰淇淋，一杯冰淇淋A有7盎司，装在5盎司的杯子里，看起来满满的；另一杯冰淇淋B有8盎司，但是装在10盎司的杯子里，所以看起来并不满。试验表明，人们更愿意为A多付钱——平均来讲人们愿意花2.26美元买A，却只愿意用1.66美元买B。我们相信房地产市场要比买卖冰淇淋更复杂，而中国房地产的"哈根达斯试验"不仅必要，还特别重要，因为这里有理论家和战略家不能解决的问题。

二十年间，中国房地产市场在前线，接触我们的买家在前线，市场的规律和成交的秘诀在前线。未来中国的房地产市场仍在前线，前线始终是地产英雄的所在。从这个意义上，我们再版《前线故事》。如同"让老百姓讲述自己的故事"，我们应该多倾听前线人员讲前线的故事。

世联地产 董事长

目录
Contents

世联眼中无淡季

千姿百态的上帝们

目 录
Contents

第二篇　思路决定出路，策划步步为营

蓦然回首看世联

目 录
Contents

第三篇 行胜于言，以经纪的名义

后记：来自前线的故事最有生命力

第一篇

销售的最高境界就是销售自己

售楼先"交心"

"一"变"二"战略让我蝉联销冠

袁满满

有一次我连续2个月蝉联销冠，同事们问我，为什么我的业绩比他们多一倍呢？我深切地知道，淡市下让客户上门极为关键，但是热情和细致的客户服务更是"关键中的关键"！在淡市中，每天的客户上门量只有个位数，我只能想办法从老客户身上着手。

整个6月，我一共成交24套房子，其中11套是老带新当天成交的。老带新，就是我的杀手锏。我在从事房地产销售之前做的是橱柜销售，但我想销售是共通的。做橱柜销售时，不管是经过看看的客户还是我派单接触的客户，只要跟我聊过的，都成了我的朋友。即使是现在，有些客户依然跟我保持着联系。

维系客户有很多种方式。我会将所有客户组一个业主QQ群，一有机会就在业主论坛上发布项目利好的消息、活动的告知；逢节假日的时候我会充分利用这个平台，群发短信，让很多客户无形中成了我的准客户，而

> 整个6月，我一共成交24套房子，其中11套是老带新当天成交的。老带新，就是我的杀手锏。

且给我带来了很多新客户。

6月时我接了一个客户，一开始我说什么他都不搭理我。我不停变换话题，他都不吭声。当时，很多同事都说这客户没意向，但我依然没放弃。直到带他来到样板房，我开始说起装修时，他眼睛发亮了。他打开话匣子跟我谈风水，谈摆设，谈自己的五六套房子。这个客户临走前，问我要了张名片。结果第二天，出乎意外地，他带着他的两个朋友从我手里买了两套房。

老带新，说起来简单，真正做起来可不那么容易。常常为了追踪一个客户，我要在每一次天气变化时发个信息提醒他，需要在每一个节日前提前祝贺他，需要时不时地邀请他来售楼处领取小礼品，联络感情……

我牢记世联新人培训第一课讲的：销售，最先的是推销自己。如果你成功推销了自己，让客户认可了你，把你当朋友了，那他自然会接受你的产品，也自然愿意介绍他的朋友来。而且，带来的客户无须你费力推介，老客户会帮你成交，说服新客户购买。

所以，现在我坚持贯彻着我的"一"变"二"销售策略，在没有新客户积累的前提下，我开始琢磨一变三、一变多。多费力挖掘老客户，就是我行之有效的销售秘诀。

挖掘客户真正的需求

杨超悦

　　许先生是其他同事转交给我的一个客户，在没见面之前，我对他已经有了基本的了解：他是香港人，有一定的经济实力，自己在中山开工厂；有朋友在本项目买了房，对项目的地段与规划很认可，所以他也想买套房子度假或投资用。在同事的介绍下，我和许先生见了第一次面。

　　由于之前了解到客户买房是想度假或投资，所以我在讲解沙盘时着重强调项目的配套、地段的价值和项目规划好以后的高尚品质，让他觉得无论是用来度假还是投资，购买这样一套房子都是很值的。在和许先生沟通的过程中，我知道他有三个小孩，所以考虑的户型只有两种：一是256平方米的平层，二是别墅。同时我也得知他还在对比其他一些项目，今天过来的目的就是先确定小区和户型，改天再和家人过来确定买哪套房子。

　　虽然知道他今天不会定房，但我确信他一定会在中山买房，不过买哪个项目就要看他的认可度了。在看别墅的过程中，我了解到许先生看过K项目，他也说出了自己的想法："你们的地段比K项目好，但是大环境和小区的环境不如他们。我现在不能下定论要买哪一个，但是我想请你帮我分析一下。如果要我买你们这里，请给我充分的理由。"

　　我想了一下，对许先生说："真的，要是让我买，我也难以选择。K项目的环境确实不错，洋房带装修，别墅的私密性也很好。"许先生笑着说："你也承认他们的产品好，那你不担心我在他们那边买房吗？"我说："您是香港人，肯定对地段的价值更有体会。其他的我先不多说，我只希望您自己回想一下，10年前的香港，中心区的房子，在便利性和投资在和许先生沟通的过程中，我知道他有三个小孩，所以考虑的户型只有两种：一是256平方米的平层，二是别墅。

价值方面，与现在的差距是多少？您也看到我们的地段价值了，在入住率上我们也高出许多，就是因为我们的地段更具优势。如果您未来还有投资方面的考虑，可能地段价值对您而言就更为重要。"许先生没有作声，沉默了一会儿说："今天非常感谢你，请你帮我再准备两份资料，一份洋房的，一份别墅的，过两天我和太太再来看一次。"

几天后，这一单生意很自然地就成交了。

解开客户的心结

吴碧霞

我的客户缪先生可以说是亲眼见证了3年来本项目在中山的发展。

在我调到本项目之前,他就已经开始关注一期洋房了。他不厌其烦地从2008年的洋房看到2010年最后一批洋房,毕竟买房是人生中一次重大的决定,我也非常理解。

我刚刚开始接触他的时候是2009年。他最初看了256平方米的户型觉得不满意,准备买别墅。他和做医药销售工作的陈小姐是好朋友,两人一起来看别墅。我将我们别墅的优势一次次地介绍给他们。陈小姐比较认同我的说法,缪先生则总是提出相反的意见。他说我们这里比不上他住的小区,价格也太贵。

但我心里明白,两年来他一直关注这里,每次只要有新产品推出他也一定会过来看,但是每次他都要挑很多问题。根据他心口不一的行为,我断定

> 两年来他一直关注这里，每次只要有新产品推出他也一定会过来看，但是每次他都要挑很多问题。根据他心口不一的行为，我断定他一定对本项目又爱又恨。

他一定对本项目又爱又恨。因此，无论他怎样挑剔，我都一笑而过。最后，反而是他介绍来的陈小姐买了别墅，而他到最后一刻又退缩了。

这之后，他经常给我电话，说他跟本项目没缘分。但无论是洋房还是别墅，只要有新的产品推出，他还是会来电咨询。有几次，甚至快下班了他还跑过来"挑毛病"。这样的状况大概维持了小半年，直到我们有次推房，他再一次跑过来看盘，而且表现得很有诚意，似乎真的要准备出手了。结果，在三番五次地看过现场后，开盘的前一天晚上，他又一次给我打来电话，说还是再看看，暂时不买。

根据我与他一年多来的接触经验，我觉得按正常沟通程序已经无法达到目的，就打电话给他，坦诚地向他说明本项目未来的价格走势，并且暗示他继续等待或许不是一种明智的选择。这之后，他再没给我打过电话。但第二批房要推出时，我给他朋友陈小姐打了一个电话，我知道他一定会从陈小姐那里知道我们要推最后一批新房的消息。果然，没过多久我的电话就响了，缪先生只说了一句："等我过来再说！"

就这样，他再一次过来，再一次看房，但这次他并没有像以前那样把本项目贬得一钱不值。他很痛快地选中了两套房。我很开心，因为我的坚持又赢得了一个客户。

信任从引路开始

阴旭

我有一个客户,是个生意人,一家三口,孩子8岁,上小学。他每天的工作压力不大,过得挺惬意悠闲。这一天他去公园玩,路过我们项目,就顺便来看看。

我接待客户之前一般会先细细地审核一遍,确定其需求的面积和能承受的价格,然后再根据其实际情况来讲解沙盘。这样会对症下药,节省彼此的时间。

需要说明的是,我带客户看房时,一般会要求乘坐客户的车,而很少坐公司的电瓶车。我这样做的原因有三:第一,我想根据客户座驾判断其经济实力,以便向其推荐价格合适的产品;第二,坐客户的车看房更灵活机动,节省了电瓶车接送的等待时间;第三,由于我们的园区比较大,各个园区的距离较远,所以我可以在乘坐客户的车的同时,充当导游角色,引导客户在各个园区中行进、参观,一路不断讲解所看到的景色。这样,他们很容易被我们大盘的磅礴气势和优美景色深深吸引。这期间,因为我在不断地引导着他们的行驶路径,信任也相对容易产生,这一点是符合心理学原理的。

出了售楼处,在客户的车上,我开始介绍:"先生,我们项目是长春市的高端生活社区,小区以长春市中高端人群为主,所以小区中间的位置没有太小面积的房子,都是150平方米和200多平方米的,100平方米的房子在小区边缘的位置。咱们先去看看样板间,好吗?"

不出意料,客户很快就相中了150平方米的样板间,打消了原本想要买100平米产品的想法。我看到他们夫妻二人在谈话中显得轻松自如,就问他们是一次性付款还是按揭。他们异口同声地说："一次性付款！"我感到对于这对经济实力较强夫妇而言，还可以再看看品质更高的叠加产品，于是在征得客户同意后，我带他们去参观了214平方米的叠加。看了叠加以后，感觉他们似乎对这种产品的价格也能承受，我决定带客户再去参观一下别墅产品。

　　客户摇头说不想住别墅，家里三口人，别墅面积太大。我说："这样吧，反正买房时要装修，既然都来了，就看看别墅样板间，学习一点装修经验吧。"

　　听我这样说，客户同意去看看，于是我们来到二期联排新装的330平方米样板间。在看样板间的同时，我向他们强调和展示我们别墅产品的优点。之后我又像导游一样，让客户开着车一直顺着主景观带行驶，一路到了山顶公园。来到美丽壮观的山顶公园后，我又开始向客户重点讲述开发商的背景和实力。这时客户关于房屋工程质量和物业管理水平的质疑也随之消失了。因为客户知道，一个肯花如此大气力修建一个山顶公园的开发商不会盖不好楼、管不好物业。最后，客户最终决定购买一套别墅产品。

客户的父亲是风水师

刘晓燕

陈先生夫妇第一次上门参观沙盘时，在沟通中，我得知他们有三个小孩，以后也可能会跟老人家一起住。结合陈先生的需求，我推荐了我们的主打产品——台地别墅。

在游览了小区环境并参观了样板房之后，客户说："这样看房挺晕的，要不你推荐几套你认为比较好的，我们直接去看毛坯房吧。然后，你再说说为什么推荐这几套，它们的优点在哪里。"于是我向他推荐了91栋、97栋和101栋三个单位。在去看房的路上，我向他们分别分析了三个单位的优势和劣势。看房之后，陈先生露出了满意的笑容说："不错，91栋和97栋的价格分别是多少？"我立刻报了两套房的区间价。陈先生说："我回去考虑一下吧，明早再来找你。"

第二天早上9点半左右，陈太太带着风水师来了，陈先生没来。陈太太说："带我们先去97栋看看吧！"到达97栋别墅后，风水师拿出一个破旧的罗盘，我笑笑说："师傅，您的生意应该是很不错，看得出来罗盘是'久经沙场'的。"风水师笑了笑，没说话。看完97栋后，他认真地在自己的小本子上写着什么，然后又去看了其他几套房。我试探着跟风水师说："昨天，陈先生和陈太太来看时，对97栋和91栋比较感兴趣，但不知道哪套更好些，您觉得呢？"风水师笑笑说："是吗？"他在91栋和97栋两套房之间转来转去，进进出出好几次，然后说下午再来看。

下午1点半左右，陈先生打电话叫我去97栋别墅。我飞奔着跑了过去。到了别墅后，发现陈太太一个人在别墅门口，就跟她拉起了家常。从聊天中得知，原来风水师是她家公，也就是陈先生的爸爸。陈太太说：

　　"我挺喜欢97栋的，不知道我老公觉得怎样。"我想了想，理清了这一家三口的心理。陈太太喜欢97栋，但很在乎陈先生的想法。而陈先生比较孝顺老人，在乎父亲的看法，而风水师父亲又很在乎儿子和儿媳的感受。我决定做个中间人，把三人的心牵在一起。

　　我对风水师说："其实您儿媳比较喜欢97栋，但又不确定您儿子喜欢哪一栋，您儿子比较尊重您的意见，所以您的意见会比较关键。"风水师笑个不停，随后就对陈先生说了些什么，陈先生转身就对陈太太说了几句。随后，97栋的千万大单便顺利成交了。

歪打正着的一单

许凯杰

我是2007年底进入这个行业的。2008年受金融危机的影响，武汉楼市进入冬季。当时有同事跟我说你太不逢时了，还有的开玩笑说我是"天煞孤星"，进入这个行业就让它进入冬天。但是我只是笑笑。因为我知道，能经历这样一个市场是非常锻炼人的，不经历风雨怎么见彩虹呢？

在当时，每天的上门客流是很宝贵的，很多客户都是打电话咨询，电话里询问的不外乎"你们什么时候降价呀？""这个市场还卖这么贵呀？"之类。我就开始琢磨，怎么能接到上门客户。我发现吃中饭的时候前台人最少，而且那时候是我们午休的时间，大多数同事会去休息。所以我就自告奋勇要求中午值班。机会就这样来了！

一个炎热的中午，12点左右，大家都去吃饭了，我守前台，一位30岁左右的男士走进来，说是来看商铺的。我们当时没有要出卖或者出租的商铺，但我还是热情地和他寒暄。后来了解到，这位马先生想在小区里开个家庭型的美容院。我就试探性地说了一句："您蛮有眼光的，这个小区有4500户，人流是比较旺的。不过如果您只是做家庭型的美容院，那么既可以自住也可以开店，不如考虑一下我们在一楼的房子，从性价比上比商铺要高很多，而且还比商铺多出自住功能。"

马先生立即表示有兴趣看看，我陪他走进小区。因为是现房，所以小区氛围已经基本都呈现出来了，而且小区品质和园林细节做得很到位。

看得出，马先生有点被吸引住了。

那个一楼的现房位置是小区正中央，看了以后，马先生觉得此房的广告展示位置不够理想，但是对小区的环境和规模非常认可。回到售楼部后，他留下电话，说后期要是有稍微开阔一点、有非常好的展示位置的房子，再通知他。

后来我在可售房源中发现有一套期房非常适合他，就给他打电话介绍了这套房子的情况。这是进小区大门的第一栋楼的一楼，135平方米，3房2厅2卫带入户花园，阳台和主卧对着小区的主路口，大门的入户花园和两个次卧正好对着小区大门；而且小区外围的墙主要是栏杆，没有遮拦，因此无论是进出小区的业主还是从小区大门口经过的人流或车辆，都可以看到这栋房子。也就是说，他购买该房后，只要稍微做点广告展示，就能吸引大量的目光。这栋房子对一般自住的客户来说不够私密，但对于想在小区开美容院的马先生来说，可是天然的广告位。

一开始马先生觉得期房的周期太长了，可后来听我说了位置情况后就特别感兴趣了，说尽快过来看看。他第二天中午来了，我直接带着他去看了那套房子。左看右看想了半天，他说回去后再考虑一下。马先生过了两天打电话过来，说挺喜欢那个房子，问了价格、贷款，并最终下单。

态度决定一切

翟羽佳

第一次接触房地产是以购房者的身份看房，这样一个特殊的购房经历让我结识了该项目团队，从而结识世联，并走进这个陌生的行业。

作为一个门外汉，我对于销售可以说是一窍不通，刚入职的时候，虽然有很多人在帮助我，我仍然有一段时间内无从下手，不知道突破口在哪儿，不敢跟客户说话，不敢讲沙盘，后来我慢慢找到经验，在老销售代表接待客户的时候，我都会跟在一边儿，看他们怎样接待，如何措辞，然后自己总结，形成书面，记录在案，反复练习，在这段时间里，我的同事给了我很大的帮助，他们会不断地问我问题，每一个问题，只要是我回答错误的、含糊不清的，我都会通通记下，之后他们会再考我，直到熟练掌握。

刘先生是天津某房产杂志的主办人，也算是个业内人士，对房地产市场相当了解，与开发商有很多次的合作。经开发商介绍他准备购买一套2居室85平方米的毛坯房，他本身自己有一套住房，此次购房是为了改善社区环境和物业管理。

其实在接待开发商推荐客户的时候，不仅要求销售代表有专业的知识，更需要让这类客户充分信任自己。开发商推荐对于客户成交是有很大的推动作用，但同样也会很直接地带来很多问题，比如他们对于房子各方面的要求会更高。像刘先生这样的客户，他需要的就是站在他的角度去给他建议，能够让他看到今后住在这个社区、这套房子里的惬意生活，让他真正对这个房子心动，而不是仅仅为了卖给他一套房子，充当

> 刚入职的时候，虽然有很多人在帮助我，我仍然有一段时间内无从下手，不知道突破口在哪儿，不敢跟客户说话，不敢讲沙盘。

一个讲解员。根据他强调社区环境以及物业管理这两大点，我把项目的相关优势进行了充分讲解，并带他到社区里感受景观，给他讲物业的经典案例，告诉他保安是怎样尽职尽责的。在这个过程中，让他感受到住在这个社区的都是有故事的人，从而让他对这个社区有向往。沟通的同时要有亲和力，不要敷衍客户，而要让他感受到我是真的在帮助他找好房子，从而得到客户的信任。也正因为这种信任，在这之后，他先后介绍了两组客户给我。

刘先生是我的第一个成交客户，那时候的我很生涩，对专业的理解还不够透彻，但是"态度决定一切"，这一点在我接待这个客户时得到了充分的体现。实际上每一个销售代表在接待客户时都有自己不一样的风格，而我始终认为在把握客户上，除了专业的介绍，更多的在于用积极的心态、良好的态度去感染客户，给客户当好置业顾问，让他选择更适合的好房子，而不是单纯的卖房子挣佣金，我要让我的每一个客户无论成交与否都能够记住我，无论成交在何处，我都能给他一份建议。

绝处逢生与柳暗花明

坚持就是胜利

刘启

电话铃猛地响了起来。"您好，请问有什么可以为您服务的？"
"嗯，我想问问你们那边的别墅什么情况……"

这已经是我外派到大连的第50天了。通过公司领导的层层考核，我终于能上岗接待客户了。由于是淡季，客户上门量不高，但大家的积极性并没有被磨灭，每天坚持重复着标准接待流程。我虽然刚到这个陌生的城市，刚加入这个陌生的项目，却已被团队的这种凝聚力打动。对于这一通打来的电话，我使出浑身解数，吸引客户亲自上门来看。

2010年7月19日，客户李女士在我的邀约下到访。她带着父母一行四人过来，进来之后就找到我说："我可是冲着你来的哦，你可一定要好好给我讲解下，一定要争取个好价格。"我笑笑回答说："我先带您看房吧。"随后，我给客户详细地介绍了项目的基本情况和区域发展，并带客户去看了样板间。李女士对项目比较满意，提出要看毛坯房。我陪同他们第二天，李女士来到现场，却突然变卦，告诉我说昨天回去后她父亲觉得项目太远，而且老人家身体不好，项目周边的医疗设施很不完善。再三考虑，她决定不买了。

去了工地，先看了清水样板间。因为我们的项目是在4A级森林公园里，因此项目周边的景色非常迷人。样板间的花园给了客户很强烈的震撼，李女士的母亲明显表示喜欢大花园。在后面的聊天过程中，我又知道李女士的先生喜欢爬山，想找个离山近的房子，就给客户推荐了一套离山比较近的房源。客户看完房子后比较满意，回到售楼处后客户表达了购买意愿，并承诺改天上门正式购买。

　　第二天，李女士来到现场，却突然变卦，告诉我说昨天回去后她父亲觉得项目太远，而且老人家身体不好，项目周边的医疗设施很不完善。再三考虑，她决定不买了。当时我心里沉了一下，立刻又镇定了下来。首先对客户表示理解，然后再帮助她回忆昨天看房时的情形，"李姐，看得出来您其实对咱们的房子也确实比较喜欢，昨天给您介绍的这套是目前带花园的房子中花园最大的。昨天阿姨也说可喜欢大花园了。记得您先生也说喜欢山，您如果住在这，就相当于住在山脚下，环境既适合老人家修身养性，又适合你们年轻人锻炼身体。"

　　随后，我又请项目经理向他们介绍了项目周边的几家养老院，同时再次强调了项目的优势，如物业管理服务，良好的环境，最大的花园，优惠的价格……转眼间，客户在售楼处又坐了两个多小时，似乎又有些动心了。她最后表示房子他们是很喜欢，现在老人不想买，他们尊重老人，所以才不考虑买的，她决定拿着我们提供的资料再回去做做老人的工作。

　　三天后，我终于迎接来了最后的胜利，客户成功认购。

让司机打消客户的犹豫

储雅佩

　　客户王先生是和司机一起来的。大家可别小看司机，有些时候司机会成为决定成功与否的关键人物。王先生上门的时候，碰巧我们所推的房源都售罄了，开发商决定把样板房拿出来卖。当然，由于样板房位于项目的中心地带，即使是一模一样的户型，样板房也比非样板房要贵。

　　当我把情况向王先生做了说明后，王先生表示贵一些不要紧，关键是要住得舒服。他立刻提出要选房。但现实的情况是，样板房就只有一套。这时，王先生的司机说话了："老王啊，这地儿你都没去过就敢买啊，别上当啊！"

　　由于当时项目还在施工，我们的销售和展示是在市区的接待中心，王先生他们来的也正是我们的市内售楼处。听了司机的话，王先生犹豫了。我在旁边提醒他说："王先生，你可以自己再考虑一下，我们目前在售的房源也就只有这一套样板房了，它的位置也是最好的。"王先生一咬牙，把身份证拿出来就让我填客户资料。我正填着，王先生却忽然急急忙忙地拉着司机出门了，一边走还一边跟我说，他约了朋友吃饭，吃完后马上回来。

　　时间一分一秒地过去了，眼看都一小时了，我给他打了两次电话，得到的答复却是还在吃饭，让我再等等。我心里明白，他们可能是去了现场。根据以往的经验，施工现场通常暂时还无法呈现小区入伙时的状态，再加上来往的工程车辆和施工人员，现场看起来会显得有些凌乱。我担心这些可能会影响到王先生，于是，捏着手里填了一半的认购书和客户身份证，我又立刻给王先生打了个电话。

王先生接到我的电话后就立马跟我说："小储啊，我现在在现场，不打算买啦！"我一听，吸了口凉气，冷静了一下说："王先生，我就是想和您确认一下，如果您确定放弃，这套房源会立刻再发布到可售房源中，我们就无法为您进行保留了。"王先生很轻松地说："没关系，我真不要了。"这时，我决定来次迂回作战，就说："哦，好的，但请您来售楼处把身份证拿走吧，您刚刚忘拿了，在我这呢。"王先生应允。

碰巧的是，半小时后，我的手机飞信上收到了后台通知：此套样板房已经售出！就在此时，王先生和司机也走进了售楼处。他边走边说："小储啊，我对现场不太满意啊，还好司机让我去看看。"这时司机也敲边鼓："是啊，路也还没修好，我还开了一个多小时的车才到！"我说："王先生，那套房刚刚已经卖了。"谁知王先生一听急了，说："小储，哪能这样啊，是我先看的这套房啊，怎么能说卖就卖？不行不行，我今天非要不可，买不到我不走了。"说着就气呼呼地坐在我们沙发上。

此时我感到王先生内心真实的购买意愿还是比较强的，只是想找机会在价格上再做点文章。我一边向王先生出示了刚刚那套房的出售证明，另一边让同事向项目经理汇报情况，请领导与开发商及时沟通，看看能否再调一套房源出来。

经过多方协调，我们很幸运地调到一套户型一模一样的房源，不过因为不是在样板区，反而便宜很多！我得知这个情况后，再次确认王先生的意向："您确定真要买吗？"王先生点点头。于是我将新调到的房源情况向王先生作了介绍。王先生的眼里又点燃了希望的火花。但是即刻，他又犹豫了，问我："便宜那么多，是不是质量不好啊？"我又向他提供了很多项目的资质资料，并明确表示差价完全是由于位置不同而产生，而且这种机会很难得，并建议他再去沙盘看看新房源的位置。

在让另外一位同事带王先生看沙盘时，我和司机聊起来。我们聊现在的房地产行业，聊我们这个项目的情况，可能我的专业态度和认真劲儿让他刮目相看了，他对我和我们项目有了全新的感知，态度也发生了180度大转变，跟我聊得特别欢。此时王先生还在沙盘旁犹豫不决，司机上前跟他说："老王啊，这房其实是挺好的，人家也介绍得那么专业、细致，肯定没问题，加上你买的还比别人都便宜，确实是机会难得！"此时我也在旁边向王先生出示了算价单，特别标注了这套房比样板房便宜的金额。王先生终于点点头，拉着我说："小储，还等什么，快带我去刷卡吧！"

"三年，从学徒变成指导人，最常说的六个字就是：主动、踏实、独立。世联人从来都是主动的，因为我们的价值观指引着我们必须主动，才能去帮助我们的客户，促进市场的专业化进程；踏实则是源自我们做足功课的自律；而独立，则是作为顾问人最重要的素质，独立才能举一反三，才能把平台变成工具，才懂反省并成长。从来没想过要在世联走出一条什么样的路，只知坚实踩下眼前的每一步，待回头时恍然发现，路已铺成，繁花似锦。"

——世联地产华北区域2010年度金牌讲师奖获得者 陈怡

温情的力量

何里凤

"嘟嘟……"我拿起电话，一个声音传来："何小姐，刚接到阿婆去世的消息，我没时间去跟你谈价钱了，要回湖南老家一趟，买房子的事先放一下……"苏先生是湖南人，刚结婚五个月，这是他第二次置业。

我再次拨通了他的电话。里面传来了他很烦躁的声音，他说他现在正在回家的车上，今天一下子太多烦心事了，不但亲人去世了，自己的生意也失败了。按照之前约定的价格，他很可能还差六万元才能凑够首付。我知道这时多说只会起到反作用，就安慰他说："苏大哥，你先回去处理家事吧，房子我会尽量帮你保留。我知道你打心底喜欢这套房子，如果你

> 我拿起电话，一个声音传来："何小姐，刚接到阿婆去世的消息，我没时间去跟你谈价钱了，要回湖南老家一趟，买房子的事先放一下……"

需要，可以通知我，我先凑点钱帮您凑够首付把房子定下来。我不能让你回来的时候后悔。我手上钱不多，但我不能白白看着你喜欢的房子被人买走。等你回来了，就算由于经济原因买不了这房子，我也觉得值得，最起码能交你这个能与我坦诚相待的朋友。"电话那头似乎愣了一下，但又很平淡地说了句："谢谢，处理完事我会考虑。"

到了月底的最后一天，虽然知道这单生意没多大可能了，但我还是发了一个信息给他，关心地询问了一下他家里的事。

到了傍晚，忽然来了一位客户，手里拿着现金到售楼部说要找我买房。原来是苏先生叫他来交首付款的。这位客户还说什么都听我的建议，之前说的要优惠两万元的事情也可以不谈了。这个结果真是出乎意料！

一张单一个故事，每天都在上演着，但这个客户能够成交，真让我深深感受到了温情的力量。只要能让客户相信自己，成交就是必然的。

"嘟嘟……"

"小凤，刚接到我朋友的电话想买房，他没多少时间，你帮他选一套好房，等一下我们过去找你……"

把游客变成顾客

毛萍

恰逢"五一"假期，项目搞活动，售楼处看房的人络绎不绝。上午10点左右，我送走了一组客户，觉得口干舌燥，腿脚酸痛。刚想坐下休息，见又来了一组客户，忙起身笑脸迎接："您好，请问您是来看房吗？"

"你们这是售楼处吧？我们一家人第一次来附近旅游，路过这里，顺便来看看。不好意思，我们不是要买房。"

"没关系，您也可以把我们这儿当成一个旅游景点，我是这里的置业顾问，您叫我小毛吧，我帮您介绍一下我们项目的情况。您也可以作为以后买房的一个参考。"我带他们一家到了售楼会所，热情地给他们递上了饮品。

这是一个五口之家，夫妻、父母和一个儿子。在交谈中，我得知这家先生姓陈，是一家网络公司的经理，妻子是大学教师，二老是先生的父母，儿子现在读小学。在和他们闲聊的过程中，我开始介绍我们别墅项目的居住生活环境。我指出，这里空气质量好，污染指数低，非常适合老年人休闲养老，也是年轻人周末度假和朋友聚会的理想场所。

见他们很认真地听着，我又向他们介绍了北京房地产的一些情况，包括发展前景、投资回报率、升值潜力等，也详细介绍了我们项目所处的地理位置、发展前景、区域价值、周边配套建设等。见他们的兴致越来越高，我决定趁热打铁。我带他们来到了沙盘模型前，进行了更为细致、专业的讲解，并热情地邀请他们参观样板间。观察了片刻，陈先生开始询问我房子价格等方面的信息。听到我的报价后，他眉头一蹙。这时我看得出我得知他不是北京人，了解了他来北京的辛酸创业经历。谈到伤心处，我看见他的眼圈都是红的。

他在考虑。他向我要了户型材料，说他们今天不回市里，晚上在附近住，商量商量再定。

第二天早上，我接到陈先生的电话："小毛，我马上过来找你。"半个小时后，陈先生到现场办理了预购手续。后来陈先生正式办理签约时，我像老友一样和他话起了家常。我得知他不是北京人，了解了他来北京的辛酸创业经历。谈到伤心处，我看见他的眼圈都是红的。我对他白手起家的打拼经历深表钦佩。这时我才知道，"五一"那次看房，是家乡的父母来北京看孙子，他带父母来旅游，才有了后面的故事。我知道从这刻起，我们已经是朋友了。随后陈先生很爽快地一次性付了全款。那一刻我很激动，我知道我的努力没有白费。多卖了一套房固然让我很开心，但更让我开心的是收获了一位朋友。

销售团队的淡市应对术

欧阳明

"现在市场行情不是很好啊……"，"最近房子好像卖不大动，又是个淡市"，"唉，受到的影响蛮大，没什么客户上门……"最近一段时间，听得最多的就是这些对话，淡市，淡市，淡市！

现在真的进入淡市了吗？难道一遇到政策略紧就卖不了房子了吗？我在脑海中打了个大大的问号。

2008年下半年，我成为世联的生力军，开始了我的卖房之路。很多人告诉我，现在入行不合适，因为现在是"淡市"！

其实当时自己也不知道所谓"淡市"是个什么情形，只知道我们所在片区的楼盘有一系列动作了。今天这个楼盘打折，明天那个项目促销，活动搞得热火朝天，但房子就像过了端午的粽子一样，开始无人问津。

人生就是一个个选择，在分岔口哪条路都能走，没有对与错。也许旁人稍稍推一把，自己就坚定了选择的信心。在我难以抉择的时候，我们经理和我做了一次深刻的谈话，让我最终选择坚持下去。他告诉我，任何行业的发展都不可能永远顺风顺水，淡市只是对我们的一次考验，过去了，也许别有洞天。我们不能消极，而要好好练兵，扎扎实实地做足功课！

于是，我们积极分析竞争对手、整理说辞、梳理产品价值，开始内部演练，把专业落到实处。同事之间，一对一互帮互助，你追我赶。闲时做做团队游戏，放松心情。行情确实淡了，但我们团队的激情反而更热烈了！一群年轻的销售人员正在成长，正在以自己的方法挺过淡市的寂寞。

> 两人性格都比较内向，但是又非常希望得到主动热情的接待，所以之前看房的经历让他们十分郁闷，这次决定自己寻找置业顾问。

小夫妻首次置业记

刘悦

还记得2009年9月底，我们项目的308号楼开盘在即。

一天，轮到我所在的小组接听热线电话。我的运气非常好，接听到两个正在来访途中打电话的客户。但是又很不巧，两组客户几乎是同时上门。于是我只好让同事帮我接待第二组。

在我接待客户的时候，我发现身边不远处一直跟着两个年轻人，看样子是对小夫妻。我起初以为没有置业顾问给他们介绍，就关心地询问了一句，但他们却摆手说不用人介绍，随便看看。当我忙完这两个电访客户之后，已经接近下班时间，售楼处里的客户也差不多走光了。这时，这两个年轻人朝我走过来，说了句："你终于忙完了啊？"我非常疑惑，就问："你们是在等我吗？"

在后来的交谈中我得知，这对小夫妻刚结婚不久，双方家里亲戚凑了笔不小的数目给他们买房子。他们到其他售楼处转悠了一圈，不是没人理睬就是草草接待他们。两人性格都比较内向，但是又非常希望得到主动热情的接待，所以之前看房的经历让他们十分郁闷，这次决定自己寻找置业顾问，我当时关切的询问给他们留下了深刻印象。这时的我真是又好奇又惊喜，好奇的是竟然有这样有耐心的客户，惊喜的是在我不知情的情况下，他们最终选择了我。我当时就想，客户对我这么信任，我一定要帮他

们选到一套最合适的房子！

经过对他们的居住需求、购买实力的分析和对户型的反复推敲，我们最终共同选定了一套面积为197平方米的大三居户型。这组客户比以往的客户都要细心许多，在离开售楼处之后，每天都会和我短信询问一些细节上的问题，我都很耐心地一一解答。

终于等到了开盘的日子。在得知308号楼即将开盘的消息之后，大家都很兴奋地给自己的客户打电话，确定自己客户的意向户型、楼层及房号。看了最终公布的价格，我开始有些担心这对小夫妻，因为比他们原先的心理接受价格略高一些。由于是首次置业，所以他们对价格非常敏感，我只好抓紧时间和客户重新沟通。

果不其然，客户得知消息之后一下子有了抵触情绪，我还是想尽办法把这组客户约到现场来。首先考虑到他们可能情绪上有所抵触，平时又喜欢发短信，所以我就先用几条语气舒缓的短信让他们把情绪缓和下来。信息发过去几天后，女方果然开口了。她告诉我，其实他们还是很喜欢这个项目的，可是价格还是高了些。我明白这样来回发短信是不可能成交的，于是就表明先请他们来现场了解一下情况，自己可以尝试和经理沟通，看看能否申请到折扣。小夫妻最后还是来了现场，我先重点向女方再次展示了本项目的诸多优点，结合开盘情况进行了新一轮的讲解，同时还带他们去工地看了现房。

虽然后来没有能够申请到更优惠的价格，但项目的品质和我的热忱还是打动了小夫妻，这一单最终成交。

跑赢一场马拉松

彭霞

10公里赛程

还记得项目第一次开盘的前一天，从未谋面的于姐电话中说她将深圳往北京的行程改成了来上海。由于飞机晚点，等她来售楼处时已经当天晚上9点多。

我给她介绍了沙盘，将详细的房型图拿给她看。她看中了项目5.4米的层高，想买套小面积的房子，但此时小户型已经卖完了，经理推荐均价相对较低的200平方米的房子，她表示也能接受，并选了一套。

于姐第二天一早来到项目周边转了一圈，告诉我觉得周边环境不太好，发展起来会比较缓慢，还是想买套小面积的，说如果没有就算了。我根据自己对项目小面积房和200平方米房的了解，给她做了一番比较，请她对比考虑。她表示想去看看她选的房子，在看房过程中，我了解到她是北方人，常住北京，自己开美容院，现在想在上海为女儿买房，女儿在投资公司工作，常年在国外。看房之后，她对通透的房型非常满意，觉得面积大点也没关系，还可以做美容院。于是约好第二天前来付款。

20公里赛程

第二天一早，于姐来了，她拉着我说："小彭，我回去想了想，那三楼前面被商铺遮挡着，光线不好，而且我觉得那套房子得房率低，女儿也不同意我在这个区买房子。"她接着问我还有没有其他房源，表示说想看看别的房再做决定。于是我又带她去了另一套房，她看了后特别喜欢中

> 我觉得这回于姐可能真决定买房了，想想之前的经历，如果说第一期算是起跑，现在则是冲刺阶段了。

庭镂空的设计，觉得房型、位置都挺好。于是决定付全款买，两天内付首付，过几天付剩下的款项。

第三天上午她来了，我给她填好单，她付了首付，不停地感谢我们让她找到了满意的房子。然而，当天中午，于姐又来了，跟我说手头上没有现钱，女儿说要支付剩下的款项，但她人在国外，元旦之后才回来，到时候才能付款。于姐很低落，最终还是退了房，但她表示很信任我们，首付先留在我们这里，等下期开盘时买小面积的。

30公里赛程

1个月后，二期开盘了，她开盘前一天就来了，看中了带露台的房子，又觉得太贵，便决定买项目的商铺做投资，但是商铺当时还未开售，于是她只能先回北京了。我每隔一段时间都会打电话问候她，向她提供项目周边的一些新信息和最新情况。当时快到年底了，由于于姐倾向于买商铺，商铺还没有消息，我们便将房款先退还给她，建议她等商铺开了再来买。虽然买卖没成交，但是于姐对我和我们项目印象特别深刻，我们经常电话往来，她很乐意跟我聊天，聊她女儿。

40公里赛程

时隔7个月，项目还剩下最后几套房源。那天我跟于姐通电话，她说女儿现在上海，她第二天也来上海，想跟女儿一起来我们项目看看，让我也约上我们经理。我觉得这回于姐可能真决定买房了，想想之前的经历，如果说第一期算是起跑，现在则是冲刺阶段了。不管怎样，也得努力争取。

于姐如期来到售楼处，迫不及待地让我带她上楼去看房，之前就了解到于姐买房讲究楼层、美观、风水，于是我给她介绍了两套适合她的。这两套房子大堂都非常气派，中庭镂空效果非常好，她看了之后非常兴奋，说叫女儿过来看看。中午她女儿来了，她女儿看房特别仔细，她们离开时说回去考虑付款时间的问题。

最后2.195公里

第二天下午、晚上和第三天上午，于姐给我和经理打了3次电话，说她们对房子很认可，希望价格能再商量一下。接下来的几番沟通，我们不停地做减法，只谈房子本身而不聊别的。因为房子很不错，于姐也相信自己的眼光，在第三天下午，她们终于定下一套315平米的房子。

"小的成功仅代表过去，但成功的经验让我们持久获益。"
—— 世联地产华北区域2010年度专业成就奖获得者 尹立刚

找准匹配点，诚意取胜

姜洋

最初投身到房地产行业之时，我以为凭着一股激情就能胜任工作，经过一段时间的培训和市场调研，以及前辈们毫不吝啬的言传身教，我才渐渐明白，这个行业更多需要的是耐心和专业。

回想正式上岗的第一个项目，有一天来售楼处的人不多，都由各位前辈带领着四处介绍和讲解。我一时帮不上什么忙，便在角落里温习楼盘信息，一抬头正好看见一位阿姨独自站在沙盘前，我忙调整状态微笑着迎上去。毕竟是第一次接待客户，讲解沙盘时我紧张得手心冒汗，好在刚刚温习过，对于这位范阿姨提出的问题也能从容应答。几句简单的寒暄，我了解到范阿姨和她丈夫都是退休教师，并没有明确的买房意向。买卖不成也算是交个朋友，同时也是一次宝贵的经验，于是我详细地给范阿姨介绍我们楼盘的环境优势，顺带张家长李家短的唠起了家常。了解到范阿姨的儿子早先在我们项目一期买过两套住房，由于老两口现在的房子离儿子住处比较远，而且觉得闹市区不太适合退休后的生活，便打算把自己之前的房子卖掉，在儿子家附近买一套房子，但是这附近的房子相对较贵，老夫妇俩也舍不得住了十几年带个小庭院的老房子。这次来儿子家路过售楼处，顺便进来看看。

我知道买房子这件事强求不得，一定要找到合意的，于是建议："我们这里有一套房子，面积不大，总价也不太高，供你们一对老夫妇住倒是足够，楼层也不高，就算电梯故障也方便上下。整个小区的绿化非常好，楼下景观也不错，正适合你们养老。这离您儿子家也不远，还可以天天看到孙子。"范阿姨微微动容，表示买房是大事，要回去和家里人慎重研究一下，便互相留了电话，约好第二天再联系。

　　结果第二天一早范阿姨就打来电话，说是一跟家里人商量这事，她那当过兵个性耿直的儿子，立马就反对范阿姨想变卖一套大房子去买一套小户型房子的想法。我劝范阿姨说："这件事阿姨您再好好跟他们说说，他们也是刚为人父母的，慢慢地自然就会理解您想呆在子女身边的苦心，更重要的是，就算这房子不买，也别伤了一家人和气啊。"

　　就当我以为这件事就这么过去了的第三天，范阿姨突然给我打电话，说上午9点钟要带儿子来看房。我在售楼处等到11点，也不见范阿姨过来，便拨通了她的电话。电话刚接通就听范阿姨说："小姜啊，阿姨正想给你打电话说声抱歉，我儿子非说要去找他认识的人心里才有底。小姜啊，阿姨实在是不好意思跟你说啊。"听了这些话，我不禁苦笑，当下也只能劝慰几句。

　　出乎意料的是，下午1点钟，办公室门口出现了范阿姨的身影，我一时愣了，但还是快步过去开门把两人迎了进来。范阿姨看见是我，开心地抓着我的手说："你大哥认识的那个人上来就给我这老太太推荐最靠边的那几套房子，还贵，跟我讲什么投资，我一个老太太买房，住着安心就好，哪想什么升值啊赚钱的，都没考虑我的需求，所以我就拽着你大哥回来找你了，你这孩子跟我推心置腹的，阿姨信得过你。"我一看范阿姨身边的人，当下打起十二分精神耐心地讲解我推荐的那个户型的信息，并着重介绍该楼最大的景观环境和位置优势，这位豪爽的军人也不禁连连点头，最后终于签了合同。

　　临走前这位硬朗的汉子稍有些扭捏地跟我道了谢，他说这些年来没有好好尽过孝道，甚至因为忙于工作，很久也没有和父母亲聊过天说说话了，从来没有人像我这么耐心地陪老太太唠家常，像我这么实在又有耐心的年轻人，他打心眼里放心。

成长·蛹化·蝶变

带徒弟心得

郑园园

看着一批又一批的新人慢慢走上工作岗位，我不由地感叹：时光如水！想想自己刚进公司的时候，没有专属的老师，只能把每一位前辈都当成是自己的师傅。在那个时候，我觉得一路走来很是艰辛！如今，有了两次带徒弟的经历，心里不免感慨万分，对如何带徒弟也有了一些心得。

带徒弟的心态——如何带好徒弟取决于你的心态

首先，你要把带徒弟当成是一份工作、一项事业，丝毫马虎不得。带徒弟就像老师教书育人一样，要做到为人师表，专注且专业。你要对得起这一声"师傅"。在整个指导过程中，你要倾其所有去传授、去教导，含糊不得。付出总有回报，当他学业有成，在今后的工作岗位上取得优异成绩的时候，就是你收获喜悦的时刻！

带徒弟的纲领——整个过程系统化、流程化

在开始指导之前，要先写好工作纲领，这就好比写作文一样。在不知从何指导时，先写好大纲，提炼出精髓，然后按部就班地去执行、去完成。你会发现，这样做之后整个指导过程变得得心应手而且不容易出现盲区。这不仅有助于指导工作的开展，也可以很好地监控徒弟的学习进度，以便随时调整工作进程。

带徒弟的误区——师傅就是徒弟的影子

销售本身是一份很有个性、很有专属感的工作，每个人都有其与他人不同的风格。在整个指导过程中，师傅要善于利用身边的资源，把每一位前辈的优势尽情地展现给徒弟，最后让其取各家所长，提炼出自成一派的销售风格，而不一味模仿师傅。

带徒弟的必须——言传身教、为人表率

首先，在工作中师傅一定要严于律己。徒弟作为公司的新人，可能对公司制度、案场纪律都不是很了解，在很大程度上会去效仿师傅。如果师傅能以身作则，那他就会是一面镜子，正确地指引着徒弟！

其次，当一个人来到一个新的环境、新的团队时，他最需要的是温暖和包容。师傅要懂得调节，在工作中多帮助徒弟、指导徒弟，让他感受到大家的温暖，明白自己不是一个人在作战。而面对徒弟的不足时，师傅要多多包容，帮其度过磨合期！

再次，不要溺爱徒弟，但要信任他。工作时有些师傅总担心徒弟这不会那不懂，凡事都要亲力亲为，久而久之会让徒弟有依赖感。所以师傅一定要信任徒弟，相信他一定会做得更好。师傅一定要懂得如何放手，因为你不能一直都是他的拐杖，撑着他前行！

平台式成长

刘雯

当冬至、圣诞、元旦等大大小小的节日接踵而来时，身在异乡为异客的我才感受到，新的一年挡也挡不住地来到了，大家都在总结过去的一年，憧憬新的一年。某天下班归家途中，看见深夜的曲江灯火阑珊，夜静人疏，愈发显得静谧而安详，让人不禁回想起刚刚结束的一年。

回想刚开始这份工作时，尚未弄清楚自己接下来的规划是什么，当拿到一份厚厚的项目资料和考核制度后，当看见别人每天在身边来来去去忙碌、无人闲暇顾及自己时，我失落了。除去每天埋头苦记，我使出了考大学的劲，逐渐总结出一套快速、实用的熟悉流程。后来验证，这套功夫帮助我迅速适应了新的项目。接着我开始把部分资料带回家，没日没夜地看，希望能做得更好、再好一点，不愿意落在别人后面。也就是这股不服输的倔强，让我比销售经理、师傅、同事们预期的早一步上岗。我为自己骄傲。

接下来，更大的难题一个接一个，让我始料不及。

首先，没有做过高端项目的我，虽然有丰富的销售经验，但没有办法准确把握客户心理。我只是硬性地记住了项目优势，但却遗忘了一个最重要的前提——卖好一个项目，首先要爱上这里。我没有爱上这片绿树环绕的片区，没有爱上这个拥有红色外立面的房子。我觉得，我失去了信心，没有拿高于置业顾问的标准来要求自己。

其次，便是之前从未接触过的陌生的联合销售模式，让我有些无所适从。有时候，我以为自己做得够了，但却被告知其实还远远不够。

幸好，我遇上了项目开盘。在快速的销售战斗中，我找回了之前的状态。在上岗后漫长的累积中，我耐心地等待机会，终于一口气销掉三套房子，给项目一期画了一个圆满的句号。当晚，我拖着疲惫的身体回家时，短信响起。打开一看，可爱的领导洋洋洒洒发了很多鼓励的话。真的意外！她不仅了解我的每一步动向，还能第一时间给我坚强的支持。这时，我才体会到面试时，她意味深长的几句话："世联是一个追求平等、注重团队合作的公司，更会给你提供一个良好的发展平台。"

接下来，公司开始了新一轮培训课程。

第一次听培训讲课之后，我就意识到这种培训的价值，它能让我对企业有更准确的认知，能判断出自己和企业发展的契合点；它也能让我吸收到各类信息和资源，使我不再是作为一个置业顾问而工作，而是把工作当作一份事业来经营。

随着公司的壮大和发展，西安世联从自行承担和研究培训课程，到可以申请让北京、深圳的培训师前来进行专业的培训，再到开始本土讲师的选拔。每一次都可以看见新的面孔，每一次都能从总部获得关于公司的新的好消息。我们拥有了一整层属于自己的办公区，我们接到了多个区域的新项目，展开了全面的战略布局。每一次都可以从员工的脸上看到耀眼的自豪感以及辛苦过后的安慰。更重要的是，我开始享受这种与公司共同进步、共同发展、共同前行的心情。那种感觉，犹如你初进入一片陌生的领域，看到很多人都在辛勤劳作，你便不由自主地参与进来；慢慢地，这片土地开始长出了青草，开始有了枝叶繁茂的大树，花儿也开始盛开，眼前的景致一日美过一日；而当你想到，这一切也有你一份小小的功劳时，你会多么欣慰啊！而且为了守护这一切，你也会加倍努力！

销售成长有没有捷径

苏晓菲

现在经常有朋友问我："销售成长有没有捷径?"我说："没有。"也有人问："成功的销售有没有秘诀呢?"我说："我还在找。"更有甚者开口就是："怎么才能脱胎换骨,从'菜鸟'变成'大虾'呢?"面对这些问题我笑了笑,想起了自己刚刚进入销售行业时的困惑及成长的艰难。

立志: 成为一名优秀的销售精英

在我还没有真正走入社会的时候总以为找工作是件很容易的事,我甚至做梦可以在悠闲中得到高薪职位,可以充分享受生活。可是后来的教训告诉我,做人要脚踏实地。虽然如此,年轻的我依旧充满梦想,我希望自己最终可以获得成功,但我也知道,那需要下苦功、多学习,并积累丰富的经验。我立志,要成为一名优秀的销售精英!

新手: 欺负你没商量

上班的第一天我就听同事说,项目的客流这么大,只要多多努力接待,总能拿下单的!可是事情往往没有想象的简单。一连两天,我竟然连一个准客户都没有谈到。为什么会这样呢?分析原因后得出:第一,客流量是很大,很多人只是看看,并不马上购买;第二,我只是按照我所学的去介绍每个细节,没能准确猜到客户的心意;第三,就算有客户为产品心动,也会因为对我没有信心而犹豫不决。几天时间过去了,我的心也凉了半截。我以为是老天在故意欺负我，身体和心理的疲惫也让我怀疑自己的选择和决定是否过于自不量力。

自强：没有客户就强化自己

由于我本性十分好强，之前总是希望尽早证明自己的能力，对很多专业知识还一知半解，还没透彻了解房地产行业就只想着让自己尽快开单，后来我发现，在我自己都还没有信心之前，即使成单了也不会高兴。所以我让自己冷静下来，稳扎稳打，一步步前进。接下来，我重新开始学习房地产方面的专业知识，不急不躁，努力强化自己的专业性，让客户信任我的专业感。虽然之后想想那段时间真的很难，但最终我做到了！

向高手学习：将欲取之，必先予之

凭着良好的个人形象、得体的谈吐以及新人特有的单纯朴实，我慢慢赢得了客户的信任，但我不能就此满足。我为自己制订了新的计划，那就是学会"偷"。不忙的时候，我开始喜欢追问同事们一些销售技巧，他们谈客户时我也会旁听，同时反思自己在与客户谈判中的误区。这让我受益匪浅，很快明白如何快速分辨不同的客户类型；如何在最短的时间内获取顾客信任；如何摸清客户的真实需求并根据不同需求呈现产品相应的独特卖点；怎样利用周边环境设施，激发客户兴趣。

完美的成交：只要方法掌握了，成功原来如此简单

写下这些也只是希望可以为自己总结不足，为别人增强信心。不记得谁告诉过我一句话——销售就是信心的传递。这个信心不只传递给你自己，也传递给别人。要相信自己的选择，其实目标就在前方，坚持不放弃，努力做到最好，就是最终的成功！

从毛毛虫到老师

王洋

毛毛虫的我

我叫王洋，是土生土长的北京女孩；
进入世联工作已四个春秋，先后经历过九
个团队，获得过"优秀员工"、"精英会
成员"、"银牌员工"等众多奖项和荣
誉。我这只毛毛虫始终慢慢地移动，慵懒
地工作着，享受着生活。

我是摩羯座A型血，有着过人的耐
力，意志坚定，有责任感，和别人交往
是从信任开始，非常容易被感动，有报恩的冲动，总是很卖力地去做
事情。

惩罚只是手段

在业内最优秀、最系统、最规范的房地产品牌之一的企业与世联携
手时，对我们提出了高度精准销售、标准化流程、满意度提高、风险预警
等要求，如果达不到要求，就要处罚。我对经理开玩笑说："没法干了，
怕处罚……"经理说："处罚只是手段，目的就是要提高大家的服务意
识。你去哪里都会遇到相似的问题，你今天在这里战胜不了自己，去到别
处也依然会倒下。"于是我又坚持了下来。

> 我是摩羯座A型血，有着过人的耐力，意志坚定，有责任感，和别人交往是从信任开始，非常容易被感动，有报恩的冲动，总是很卖力地去做事情。

开始当老师

第一次和同事们分享高端客户管理经验时，看到大家求知若渴的眼睛，想到我的经验能给他们带来收获，我真的好开心。回家的路上，收到经理的问候短信，我回复："各取所需，分享快乐！"这次分享让我真正体会到了成就感。自此一发而不可收。

现在我成为一名项目经理，为员工讲授"电话营销"、"高端客户触点管理"、"联合销售我最牛"等销售代表入职相关培训课程。我之所以今天能学以致用，将多年经验跟身边和听课的员工分享，之所以能不必付任何费用，即可组织近百人的"企业推介会"并得到开发商好评，都要感谢公司给我的平台，感谢身边激情饱满的同事们！心有多远，路就有多远；脚踏实地，走得更平实些。我会谨记公司领导的话："简单前台，复杂后台，服务是管理的全部。"

四季旅程

江艳金

题记：人生就是一段旅程，我们都是生命中的乘客。

记得当时将简历发给厦门世联后，在等待的日子里通过各种途径了解世联、了解地产，一点一滴慢慢爱上这个陌生的行业。一周之后收到面试通知，于是一个背包，便只身一人来到厦门，到达的时候是凌晨1点，那时天还下着小雨，之前曾想过很多次厦门之旅，却没有想过是以这样的姿态去开启。第二天面试被录用，我欣喜不已，我知道我已经被这个大家庭深深吸引！

随后我进入项目组，我的世联生活正式拉开帷幕。作为一名新世兵，跑盘是一门必修课。当我用我的双脚踏遍了项目所在的每一寸土地时，我想，我爱上了这个宁静而繁华的地方，也爱上了地产销售这个充满激情的职业。它就像盒子里五彩斑斓的糖果，让人一下子想尝遍所有的味道。

因为是刚进场的项目，属于前期蓄客阶段，客户量非常大，我要在短时间内尽快熟悉项目资料。接待中心处于市中心繁华地段，尤其是到晚上的客户更多，每天都要接待上百组的上门客户，每天都要到将近11点才下班。由于物业还没有进场，我们就包揽了售楼部所有的清洁卫生以及端茶倒水的活计，我们说，我们是万能的世联人！但是，毕竟是没有受过什么苦的"书生"，几个同事一个接一个病倒，却只休息了半天就继续来上班，每个人都顶着沙哑的声音对客户讲沙盘。当自己躺在病床上吊着点滴

当自己躺在病床上吊着点滴的时候，不是没有退却过，彷徨过，挣扎过。

的时候，不是没有退却过，彷徨过，挣扎过，但眼前总是闪过领导肯定的眼神，家人期望的面容，又怎能因为这一点小小的困难就放弃呢？所谓"吃得苦中苦，方为人上人"，无数次咬紧牙关对自己说，坚持就一定能有所收获！

岁末，辞旧迎新。街道上响起的鞭炮声提醒我们该是回家团圆的日子了。虽然大家都很想回家过年，但我们知道这个时候不能松懈。我们每个人都打起了十二分精神对待每一位上门客户，每一个进线电话。机会总是留给有准备的人，在春节期间，每个人手上都有几个下定客户。虽然今年过年没能回家，但有失必有得，我们得到的不仅仅是下定的喜悦，更是成长的体验！

春暖花开的季节，遍地绿意，充满着希望与朝气。日子不疾不徐地流走，我们也在不知不觉中成长。渐渐，我们从新人变成了"老人"，项目来了新同事，而我们成了他们的师傅，教他们讲解区域、沙盘，教他们如何更好地与客户沟通……在他们身上我仿佛看到了曾经的自己，对所有新鲜的事物充满好奇与求知欲，然后努力去学去问去做。

我的外调情结

解冰

　　四年前我还是个刚毕业的毛头小子，经朋友介绍在苏州工业园区惟一一家五星级酒店工作，当时整个片区几乎没有什么房子，惟一能看见的就是塔吊。当时每天都在想，什么时候这些塔吊下面的高楼大厦能建好呢？万万没想到的是，在几个月之后，我生命中最重要的情节竟然和那些没建好的高楼大厦有着紧密的联系。

　　当时有个楼盘在酒店预订了最大的会场搞活动。一队穿着火红西装的年轻人早早来到了会场，没多久，成群结队的人开始从不同方向涌入，接着，一场"盛会"开始了。这场持续了5个小时的盛会只让我辛苦了1个小时，而那些穿着红西装的年轻人却忙碌了5个小时、兴奋了5个小时。我问其中一位为什么在忙了5个小时之后却那么兴奋？他给了我一张白底红字的名片，写着"世联地产"某某经理，字的颜色和衣服一样鲜红。"因为这是一个有激情的团队。小伙子，看来你很感兴趣啊，想不想来我们公司，我可以帮你引荐，上面有我的电话。"

　　在朋友的鼓励下，我打通了电话，顺利递交了简历，没几天就接到了去上海面试的通知。现在想起来，自己还是那么的兴奋。

　　我应聘的是置业顾问，录用后被分到了苏州的一个住宅项目，就是当时在酒店开盘的那个项目。第二年我被调到合肥项目时，起初心中还有点不情愿离开苏州，便向一位同事倾诉，他听过之后笑我："傻小子，公司对你如此照顾，你却毫不领情。把你调离项目是因为要让你学更多的经验，打牢基础。"

当头一棒！我一夜之间明白了很多，开始更加用功，开始学会主动帮助新人进步，配合策划做数据调查，辅助项目经理管理案场。越是努力越是发现自己的不足，越是发现自己知道得太少，越是觉得对团队的人关心得不够。在团队再一次取得骄人成绩之后，我主动申请调去其他项目学习。而当我再次被调回我最初的项目时，大家都说："解冰，你变了，成熟了许多。"每一次学习的机会都为我今后的道路打下了坚实的基础，这一切，我都心怀感激。

前线故事

　　"即便平日的工作中会遇到诸多困难和挫折，但站在领奖台上的那一刻会发现幸福是唯一的味道：付出和成果被认可，是对自己最好的交待！在世联，只要努力就有机会品尝幸福的味道！只要勇于挑战就有空间去追逐并实现自己的梦想！"

——世联地产华南区域2010年度金牛奖获得者 王琳琳

> "其实您想，您做饭时在这洗菜，跟着转个身就可以切菜，切了菜就挨着灶台。"

新人的第一次开盘

许珂

很幸运，我和另外3位刚入职的同事被选中协助项目的开盘仪式。开盘的前一天，所有同事都投入到紧张忙碌的工作中，为第二天的开盘做着周密详细的部署和安排，那阵势如临大敌。看着大家匆忙而有条不紊的身影，我们在新鲜、兴奋中又夹杂着些许茫然和不知所措。

第二天一早，所有工作人员提前半小时各就各位，我们4个的任务是各守一个样板间值班，当客户过多销售代表应接不暇时，做简单的样板间介绍。当我在心里暗暗回顾之前了解的项目资料时，客户已经接踵而至。

"厨房是多宽呀？"

"一米九。"

"太窄了，都活动不开。"

"其实您想，您做饭时在这洗菜，跟着转个身就可以切菜，切了菜就挨着灶台。所以厨房的设计其实完全考虑了您做饭时的活动和需要。看起来虽然窄，但这么长，三四个人同时作业一点不拥挤的。而且我们这是已经装修好的厨房，安装了灶台，所以视觉效果上会给人偏窄的感觉，实际上您如果看毛坯房就一点不觉得窄了。再有，这样一来，您的卧室就更宽更方正了呀。"客户听着介绍若有所思地点点头，我稍稍松了一口气。

买房，对于一个普通的老百姓来说，可能意味着要投入他工作几十年以来的全部积蓄，所以他们的问题详细具体、细致繁多，大到整个城市规划和小区的关系，小到实房里是不是比样板间多一个凸起的梁柱。看着老员工滔滔不绝、自信流利地介绍和回答，我羡慕中又带着几分敬意。不要小看他们任何一个看似轻轻松松的答案，因为这后面很可能隐藏着很多你不知道的努力，还是那句话——"因做足功课而专业"。

你是新人，第一单对你很重要

谢能敏

作为新人，我在面对团队竞争压力的同时，感受更多的却是同事之间互助友爱的那份温情。

上岗有二十多天了，眼看着同一天加入公司的同事，已经开了好几单，而自己还是没有突破，心里很是着急。

接待客户回来的我，看到几天前接待的张医生正在听同事推荐房子，我下意识跟那位客户打了招呼。其实，第一次上门的时候，我感觉他不像买房的人，但是，师傅曾说过，在镇区千万不要"以貌取人——判断客户"，而且我的客户又那么少，所以每一个客户自己都倍加珍惜。就这样，那天我接待他从沙盘介绍，参观样板房，爬现楼……到最后送出门都一丝不苟。

我开了第一单，开单的当天，我真的很高兴，手拿着认购书情不自禁地笑——感觉真的是脸部肌肉不受控制那样的笑着。

我当时虽然说已经是毫无保留的接待了半天，但是我没有想到他还会来第二次上门……还没有等我缓过神，同事便主动走过来，把我拉到一旁，问道：这是不是你之前接待过的客户？我一边拿出客户登记本，一边回答："是前几天登记的客户。"

没想到，翻开客户登记本，上面显示刚好超出了"跟踪期"一天。我当时心里想：我的老天，怎么这么巧，这下完蛋了！因为按照公司的规定，这样的情况客户即使将来成交了，也只能算同事的。"你继续跟吧，以后记得客户要及时跟踪"，同事是很主动地对我说。而且，我能感觉得到她的语气里面带着轻松和蔼，是自然的流露。"但是……"我有点不好意思地说。"没关系的，你还没开单嘛，别让客户等太久了。"

于是，我心怀感激地说了声"谢谢"，就赶紧过去接待客户了……第二天成交了。我开了第一单，开单的当天，我真的很高兴，手拿着认购书情不自禁地笑——感觉真的是脸部肌肉不受控制那样的笑着。但是，后来想想，我心里又有点不踏实起来。于是，我趁着同事不忙的时候，把她拉到一边跟她说了我的想法——至少也要分一半给她。但是，得到的回答是："你是新人，第一单对你很重要。"语气还是那么轻松自然，没有半点犹豫。我当时真的很感动，都不知道该说什么好。

快速成长的8个秘诀

黄晶

不知不觉在世联这个大家庭中度过近四个年头了。回想过去的几年，还是有些成长心得的。

第一，勤奋

老话说得好，勤能补拙。我始终相信我们销售人员首先要嘴勤，勤问勤说。勤问就能尽可能多地搜集其他楼盘的信息，掌握项目的进展情况，得到别人的意见和建议。勤说就是要随时随地地、在适当的场合宣传本楼盘和楼盘的卖点，得到客户认同。

其次是要腿勤，勤串勤跑。卖楼不是"坐"出来的，是领客户看样板房看出来的。要勤于访问你的客户、你的伙伴。你要和客户建立感情、交朋友，不勤跑是做不到的。

再次是手勤，勤读勤记。随时更新你的楼盘产品市场知识，随时记录整理你的信息，并且向客户提供信息。

最后是耳勤目勤，勤听勤看。如今的市场竞争在很大程度上是信息的竞争，在一个项目上，谁掌握的信息完全准确，谁的赢面就大。因此，要随时掌握市场动向、客户动向、对手动向、产品动向，就要求销售人员耳聪目明。

第二，心态

个人觉得一定要有强烈的企图心，每一个成功的销售员都要有必胜的决心、强烈的成功欲望。成功的欲望源自于你对自我价值实现的追求，"不满足"是向上的车轮！用心能做好任何事情！每天早上出门前我会对着镜子说："我要卖房了！我要开单了！"保持一个积极乐观的心态。

第三，具有非凡的亲和力

人会在与人接触的前3秒中出现第一印象，并用接下来的30秒钟来验证他的第一印象。我们房地产销售是和人打交道的，在接待客户当中一定要热情，让客户有一个良好的第一印象。这时候，你的人格魅力、你的信心、你的微笑、你的热情必须全部都调动起来，利用最初的几秒钟尽可能的打动客户，那我们的目的也就达到了，就会取得客户的认可。

第四，要学会当一个好听众

在销售过程中，应尽量促使客户多讲话，自己转为一名听众，并且必须有这样的心理准备，让客户觉得是自己在选择，按自己的意愿在购买，这样的方法才是高明的销售方法。强迫销售和自夸的话只会使客户感到不愉快。必须有认真听取对方意见的态度，中途打断对方的讲话而自己抢着发言，这类事要绝对避免，有时为了让对方顺利讲下去，也可以提出适当的问题，让自己更好地把握住客户的想法。

第五，要学会提问

高明的商谈技巧应使谈话以客户为中心而进行。为了达到此目的，你应该发问，我们销售人员的技巧直接决定了发问的方法及发问的效果。一个好的销售人员会采用边听边问的谈话方式。通过巧妙地提出问题，可以得到：

1. 根据客户有没有搭上话，可以猜到其关心的程度；

2. 以客户回答为线索，拟定下次访问的对策；

3. 客户反对时，从"为什么？""怎么会？"的发问了解其反对的理由，并由此知道接下去应该如何做；

4. 可以营造良好的谈话气氛，使心情轻松；

5. 给对方留下好印象，获得信赖感。

第六，把每位进入售楼处的客户，全都视为诚意客户

在接待客户的时候，我们的个人主观判断不要过于强烈，像"一看这个客户就知道不会买房"、"这客户太挑剔，没诚意"等主观意识太强，会导致一些客户流失；与一些意向客户沟通不够好，会使这些客户到别的楼盘成交；对客户不够耐心、没有及时追踪，会导致失去客户等。

我们要做好客户的登记，及时进行回访跟踪；不要在电话里讲很长时间，电话里都说了，客户就觉得没有必要过来了；经常性约客户过来看看房，了解我们的楼盘；针对客户的一些要求，为客户选择几个房型，使客户的选择性大一些；多从客户的角度想问题，这样可以针对性的进行化解；为客户提供最适合他的房子，让客户觉得你是真的为他着想，可以放心购房。

第七，与客户维系一种良好的关系

多为客户着想一下，这样的话，你们可以成为朋友，他的亲朋好友

都可能是你的下个客户。

第八，积极地做准备，不放过任何的成交机会

锻炼自己的记忆能力，记好客户的需求及姓名、记好客户与客户间的关系。在其他方面也多做研究，丰富自己的谈资，多看新闻、多看书、多听别人的故事，并从中吸取精华转变为自己的东西。努力让自己对所有东西都感兴趣。

"当初作为一个新人，在顾问线与执行线的工作能够获得大家认可，归纳起来，主要做到了以下十六个字：'端正心态、潜心钻研、多思多问、正视挫折'。对于自己在世联未来的展望，我仍给自己定下十六字目标：'勇于承担、注重沉淀、树立个性、独当一面'。"

——世联地产华南区域2010年度技术新星奖获得者 谢凌飞

世联眼中无淡季

坐销与行销相结合

孙婷婷

2010年4月"国十条"出台，房价涨幅明显下降，成交量大幅下降，房产市场淡季来临。针对淡市楼市低迷的情况，营销工作应该怎么做？我们的建议是要因人而异。规模不同、阶段不同、发展方式不同，采取的应对措施也应当不同。对仍处于销售阶段且资金压力比较大的公司来说，无疑需要用各种手段来促进销售，加快资金回流。

最直接的办法就是降价。用价格刺激销量，这是非常有效的淡市营销手段。这种手段也包括各种间接让客户得利的方法，如送家电、送装修等都是不错的选择。在销售手法上，可以坐销与行销相结合，让销售人员走出去，了解市场、寻找客户；也可以外立战场，甚至根据自己的定位，寻找合适的合作伙伴进行跨行业销售。

用价格刺激销量虽然是不错的选择，但是我们都知道，对于普通消有些老业主不太能接受买房后出现降价的现象，对投资客来说尤其如此。所以在运用价格工具时也需要照顾到老业主的感情和心理。

费品而言，价格的涨跌比较容易为消费者所接受，但同样作为商品的房地产，因为被社会大众赋予了特殊的意义，有些老业主不太能接受买房后出现降价的现象，对投资客来说尤其如此。所以在运用价格工具时也需要照顾到老业主的感情和心理。

人气当然也是很重要的。现场的客户多逗留一分钟就多一分成交的可能性，所以必须想办法留住客户。如加大销售现场、样板间等销售道具的支持，举办一些现场的小活动等，总之要用各种手段来吸引客户的光临与逗留。

最后一项就是定价的问题了。新开楼盘如果想资金快速回笼，最好能低于客户的预期开盘，这包括时间、价格等，这样可能会取得比较好的开盘效果。

关于鞋子的故事

方霖

有这么一则故事：一家做鞋子生意的代理公司派了两名销售代表去非洲考察市场。他们下飞机一看，炎热的天气下，所有非洲人都是光着脚在路上行走。考察一段时间后，他们都回国了。第一个销售代表向朋友抱怨："非洲的人都不穿鞋子的，害我白跑了一趟。"而另一位销售代表在回国后，则马上联系了货源，之后在非洲开起了鞋店。故事的结局是非洲人都穿上了后面这位销售代表销售的鞋子，使得他大赚了一笔。

这个故事给我们的启示是：遇到事情，善于发现机会并把握住机会的人容易成功；那些只能看到表面现象的人，往往会与机会擦肩而过。

在淡市中，房地产受到了国家政策的调控，市场交易量和涨势受到抑制。普通大众看到的情况是交易量下跌、房价回落。对于业内人士而言，有的人看到的是房地产进入了一个震荡调控期，没前途了；而在另一部分人眼里，这个时期是做大做强的机会，于是积极开拓市场。顺势中成功很容易，而在逆势中扩张自己的版图、抢占市场份额，使得在未来房地产回暖后能在市场中处于更有利的位置，才能体现出高瞻远瞩的眼光。

卖楼就像打高尔夫

程文波

"4·15"之后，整个房地产行业进入了调整期，购房者纷纷观望，等待更明朗的走向。就在那个淡市的背景下，我反而学到了很多东西，也更加明白了"学无止境，学以致用"这个道理。

很多人都说我不适合做销售，性格不够开朗。我不信，我是一个倔强的人，我相信自己能做好。这也是对自己的一种挑战，而我喜欢挑战。俗话说，读万卷书不如行万里路，而行万里路又不如阅人无数，我一定要在销售上干出一番成绩。

刚开始电话CALL客的时候，我的声音很生硬，指导我的师傅和其他同事就不停地帮我分析原因并引导纠正，如今才圆润了一些；刚开始讲沙盘的时候，我畏畏缩缩放不开，经理就从最细微的一个站姿、一个微笑教我，让我把他当客户一遍遍地练习，现在终于也放开了许多；同事跟我谈心，一针见血地指出我的缺陷，教我直面现实，大胆去改变，学着与人交往，现在我跟营销中心的保安和客服都熟悉了。就这样，在一次次CALL客被拒绝，一次次讲解沙盘卡壳，一次次派单被无视之后，慢慢地，我的胆子变大了，语言能力不再是我的障碍。

经理说，不怕你做错，就怕你不做。做错了能改，能进步，不做的话只能止步不前。虽然还有很多不足和问题，但我一定会一步步地完善和解决。

我实习所在项目的经理年轻而富有激情，教会我许多东西，现在的

经理则经验丰富、销售技巧纯熟且非常有领导力。

经理总是通过故事引导我们去明白道理。比如晨会上，他曾与大家分享回形针的故事，说的是一个普通人通过互联网交换，用一个回形针渐渐换回一座别墅。他让大家发散思维去体会故事的道理。大家从目标感要强烈一直发散到姜太公钓鱼。经理却将这个故事联系到我们卖房子。他说，只有了解并满足客户需求，才能实现价值置换。他教导我们一定要弄清客户的真正需求，然后因势利导实现成交。

同时，他通过组织各种业余活动，比如去大梅沙游泳、去罗湖体育馆打高尔夫等，让我们在减压的同时增强团队的凝聚力。比如打高尔夫时，我们许多人是第一次打，用很大的力气反而打不到球，越急越打不到。经理就说，学打高尔夫就像用手捏沙一样，越用力漏得越快，也和我们卖楼一样，应该采用规范的动作，注重每一个细节，最后还要有平和的心态，这样才能打好。

最让人难忘的是经理给我们的信心。在这样一个淡市的大背景下，客户上门量严重不足，大家特别是新人对自己产品的信心也日趋减弱。但是经理总是通过坚定的眼神一遍遍鼓励大家，并引导大家发现我们项目的闪光点。他说是金子总会发光的，但问题是现如今满地都是金子，所以要做不一样的金子，发出奇异的光芒才能在众多竞争对手中脱颖而出。

> 淡市中有部分销售人员就是在做平地推球运动——有顾客来时就接一下，没顾客来时就坐着不动。

斜坡推球

林楚钦

新政调控之下，楼市观望情绪浓厚，成交量骤减，开发商亦陷入观望，或推迟开盘或减缓销售节奏。但是我想问，为什么那么多人在观望呢？答案就是这些观望的人其实都有购房需求。这些人就是我们的准客源。我们不能说现在是淡市就没人买房，其实这些观望的人都可看作是我们的诚意客户。

在这个淡市里，很多销售人员可能会选择等待——客户来了就接待，根本没有想过主动出击。但是有一些销售人员就不一样，他们会主动出击。

打个比方，有两种推球的方法：第一种我们叫做平地推球。就是说，你推的时候这个球就动，不推就不动。所以平地推球给我们带来的收获叫做单层收获。

其实，全世界大约有80%的人做事的态度是平地推球，另外20%的人用的是斜坡推球。大家都知道，在斜坡上推球，看起来很笨、很累、很难，但就是这些斜坡推球的人，往往最终能够收获异于常人的成功，斜坡推球带来的收获，我们叫做多层收获。

通过这两个概念，不知道大家看到了什么、想到了什么？淡市中有部分销售人员就是在做平地推球运动——有顾客来时就接一下，没顾客来

第一篇 销售的最高境界就是销售自己

时就坐着不动。结果他们果然在淡市中做不成几个单子。可为什么有些销售人员还是能够每天都出单，做到月月销冠呢？答案就是，他们比那些平地推球的销售人员要勤奋得多，且更有想法。我们世联就存在很多斜坡推球的人。师兄曾告诉我一位深圳同事的故事，说他无论淡市旺市，每天都一如既往：CALL客、接待客户、跟进老客户。他连两年前有意向的客户都会跟进，虽然他们未必会在现在买房。但是，只要他们有意向，把他们留住了，那可能他们买房时就想起了你。在淡市中储客可能会辛苦一点，就像是斜坡推球一样；但当球推到一定高度的时候，很可能迎来了楼市的新一轮利好，如此客源就会厚积薄发。

　　所以说，淡市也会出英雄，就看你想不想做这个英雄。在这个淡市里，这20%的英雄会因此而出现。

058
前线故事

> 淡市下，用来推广的经费相应减少，CALL客就显得极为重要，有利于提升上门量。

信心比黄金更重要

谢彩娥

　　2010年新政后，又一轮淡市袭来，市场渐入低迷，进线量、上门量与成交量大幅度萎缩。在这样的市场下，开发商面临着资金回笼的压力。我们也面临同样的问题：如何赢得客户？

　　都说"信心比黄金更重要"，这一点在什么时候都不过时。淡市下

虽然客户骤减，一天可能只有一至两批客户上门，但不能因为客户量少就无精打采、无所事事。我们每天仍应以最好的姿态及精神面貌接待好每一批客户。我们应经常利用下班时间进行系列的培训，让销售代表对市场、对未来充满信心，并将此信心传递给我们的客户。

我当时所在项目的开发商，属于那种特别追求细节的类型，因此，我们日常所在的现场对细节的要求也非常高。例如，要求站服务岗的同事时刻保持迎宾姿态；我们每天安排同事早上、下午检查两次妆容，务必让客户及开发商任何时候到来，看到的都是最佳的一面。

淡市下，用来推广的经费相应减少，CALL客就显得极为重要，有利于提升上门量。虽然上门的并非都是我们的客户群体，但这种做法的意义在于广而告之，达到口碑相传的目的。

我们通过每天的日报统计当日上门量情况，查看客户是通过何种途径上门的，统计当天的CALL客量，总结每日上门的详细客户描述、销售线和策划线的详细工作日记，坚信因做足功课而专业。

"从去年的集团'新人进步奖'，再到今天领到的这个'杰出指导人'，同样的荣誉舞台，却以不一样的角色上来；同样的艰辛努力，却走出了截然不同的成长之路。我要感谢把我顶上奖台的我可爱的团队的兄弟姐妹们。我想用一句歌词来形容我的心情，世联，任时光匆匆流逝我只在乎你，就算失去生命的力量也不可惜。"

——世联地产华东区域2010年度杰出指导人奖获得者 张文浩

> 我打起精神，从头再来，每天起早贪黑，一周后我的客户量明显增加，随之而来的喜报中出现了我的名字。

让名字挤上喜报

李荣荣

天道酬勤，我想很多人都听过，但不一定每个人都会去真正理解它的含义。我在这里想分享一下这四个字的含义，天道酬勤是指：一分耕耘，一分收获。这是古今中外所称道的多劳多得。出自《论语》的"天道"即"天意"，"酬"即酬谢、厚报的意思，"勤"即勤奋、敬业的意思，"天道酬勤"意即"天意厚报那些勤劳敬业的人"，通俗地说就是：上天会实现勤劳的人的志愿。有耕耘就会有收获，只要不懈努力，最大限度地完善充实自己，不断提高自己的竞争实力，就会有一个美好的明天。

古今中外，曾涌现出无数令人敬佩的成功人士，他们并非一生下来就掌握某种本领，或智慧异于常人，或蒙上天眷顾带来好运，但最终他们却能够获得丰厚的人生馈赠。之所以那些名人会如此幸运，并不是因为上天的眷顾，而是因为他们有一种难能可贵的精神——勤奋。

单凭我的一面之词，也许难以让人信服，其实我就是一个活生生的例子。在经历旺销期后，突如其来的新政让我们的心态有所改变。经理常教导我们一句话——"守得云开见月明"。就在大家变得消极的时候，公司也提出了一系列应对措施，提倡"每周多卖一套房"，这个目标传遍了公司上下。让我们又绷紧了神经，每天成交英雄榜的播报更让我们感觉到压力再一次来袭。在一次又一次的成交播报中始终还是没有自己的名字，让我对自己的能力不免产生了一些怀疑。经理的指点找出了我的病根，原来是自己懒惰造成的。对比其他同事一周接待的客户数量，我自惭形秽。我打起精神，从头再来，每天起早贪黑，一周后我的客户量明显增加，随之而来的喜报中出现了我的名字。

生活中，并非只有名人的事例才能表现"天道酬勤"这句话所蕴含的道理，我们房地产销售代表同样能够做到，如果你试着观察一下身边的同事，就会发现他们与那些名人一样，同样十分勤奋。多少次，他在默默努力着联系未成交的客户，在静静思考着怎么能够促进成交……也许他的天资并不如你，但往往到了最后，成功者的头衔却属于他。

要想知道一个人的成就有多大，不光要看他所获得的荣誉和知名度，更要着重了解他在成功之前究竟流了多少汗、克服了多少困难、花费了多少心血，准确地说就是看他到底有多勤奋。要知道，曾经有过失败的人或许是勤奋的，但最终获得成功的人绝不是懒惰的！

悬崖上的鹰

王清

我经历了近几年房地产行业的起与落，2008年国家政策的调控和经济危机的影响，使得市场十分冷淡，那时我还是一名稚嫩的置业顾问，但是那一年是我收获最多的一年。当2010年房地产行业又来了一次冬天时，我读过的《一个关于鹰的故事》给我很大启发。

故事是这样的：老鹰是世界上寿命最长的鸟类，可活70年，然而要活到70岁，它在40岁时必须作出一个困难却生死攸关的决定。当老鹰活到40岁时，它的爪子开始老化，无法抓住猎物；它的喙变得又长又弯，几乎碰到胸膛，严重阻碍进食；它的翅膀因为羽毛长得又浓又厚，变得十分沉重，使得飞翔十分吃力。此时鹰只有两种选择：要么等死，要么经历一个比死亡更痛苦的更新蜕变。选择后一种，它必须很努力地飞到一个山顶，在悬崖上筑巢，并停留在那里进行蜕变。在蜕变的过程中，它首先用喙击打岩石，直到喙完全脱落，然后静静地等待新的喙长出来。鹰会用新长出的喙把爪子上老化的趾甲一根一根拔掉，鲜血一滴滴洒落。当新的趾甲长出来后，鹰便用新的趾甲把身上的羽毛一根一根拔掉。大约150天后，新的羽毛、新的喙、新的爪子才能长出来。鹰在经历这个炼狱般的磨难之后，在某一个曙光乍现的黎明腾空而起，成为翱翔天空的崭新的雄鹰。新生的鹰为自己赢得了30年光阴！它冒着疼死、饿死的危险，改造自己、重塑自己，与过去的自己诀别，这一过程就是一个死而复生的过程，这就是——鹰的重生。

鹰的故事让我懂得：在一个人或一个企业的生命周期中，有时候我们必须做出困难的决定，有时是由于自身发展原因，而有时则是由于外界环境所迫。开始一个变革更新的过程，我们必须把旧的、不良的习惯和传统彻底抛弃，这可能要放弃一些过往支持我们成功而今天已经成为前进障碍的东西，从而使我们可以重新飞翔。这次蜕变也许是艰难的，是痛苦的，对企业，对个人都一样。为了企业的生存，为了实现人生的目标，我们必须经历这场痛苦的变革，像鹰的蜕变一样，重新开启我们新的生命周期！

改变经常是漫长而痛楚的。看看自己，或许并未真正开始面临老鹰那样的重生时刻，或许我们的生活还不至于死亡，但目前我们是否过着我们想要的生活？是否能够一直这样生活下去？我们追求的是否仅仅是吃一顿饭，晒晒太阳？如果我们有着更高的期望，如果你感到了不如意而又不甘愿到此为止，那么要改变自己，适应现状，去忍受一个漫长、痛楚的过程，做出选择，做出改变。

当我们发现有些事情不在我们的能力范围内，当我们发现有些事情我们并不愿意去做，我们可否问一问悬崖上那只老鹰，你如何愿意敲掉你的喙、拔掉你的爪子和羽毛？

人们总是做会做的、愿意做的，但改变不会像天使一样来到面前。谋求改变需要忍耐和行动，在我们不会做时要去学习而非惧怕，在我们不愿做时要去面对而非推诿。去接受那些从未面对的，去接受那些我们不曾做到的，这叫做成长，这就是重生！

把每一栋房子都注入生命

杨志明

自古欲成事者多磨难。在毕业那年的春天，闷热的空气中夹杂着绵绵细雨，我告别羊城的最后一班地铁，怀揣着渗透疲累的激情，踏上这座惠民之城。

现实和我想象中的完美相差太远，嘈杂的摩托声，稀少的人群，缓慢的脚步……来到大亚湾，我更开始怀疑当初的决定：我是不是到了穷乡僻壤？在这里会有发展吗？随后而来就是第一次国家对房地产市场的宏观调控，刚入行就遇到了第一次真正意义上的淡市，让我有些心灰意冷。可就在不到一个月的时间，我彻底打消了这个念头。

从跑盘到公司培训，我一直在寻找答案，结果我的努力没有白费——这是我的一次幸运机遇，我人生的一个重要起点。充满生机的海滨二级城市，她显得独一无二；厚实的文化底蕴、淳朴的民风令人向往；南方仅存的52公里黄金海岸；1300平方公里的海域；265平方公里的陆地；40分钟连接深、莞、惠的一体化规划……毫无疑问，她的成长会吸引新一代人的灵魂，带动南方经济的腾飞。

最务实的验证莫过于用专业数据说话，最精彩的激励无非就是用事实稳定人心。市场不好能留下来靠的是实力，我有了前进方向。地域的特殊性与稀缺性会打造特殊市场，我对未来有了信心。最后我问自己：还缺什么呢？后来我明白了，我最缺的就是前进的动力。年轻的我们，如果身着华丽的西服，但却失去了行业危机感、艰苦奋斗的激情与行动，就只剩下一副空壳了。

莎士比亚说过：若不好到极致，就不算伟大！所以，"我要把每一栋房子都注入生命！"

千姿百态的上帝们

难得有一次"自作主张"

薛涛

我曾在现场接待过一个来自上海的客户孙先生。孙先生是北京一家商贸公司的副总经理，公司的高级骨干。2010年初，因公司项目在西安开发市场，孙先生就来西安做起了总负责人。虽然孙先生在工作中处处掌握决策权，但在家里妻子可是地地道道的"内务主管"，大到买房、买车，小到买鞋、买袜子，都得经过妻子同意，孙先生倒也乐在其中。

初到西安，孙先生说："在上海，很难呼吸到如此清新的空气，感受到如此惬意的生活。"由此，他产生了在西安购房的想法，可向妻子"报告"后，妻子却说一定要等到她7月来西安休假时再决定是否购买。尽管如此，孙先生还是趁闲暇之余考察了西安的几个楼盘，但都不太满意，决定等妻子来了共同商量再做决定。

那天他到东郊办事，驱车不经意经过售楼部时，决定进来看一下。经过我的介绍，他觉得周边的环境非常好。他去项目所在地实地了解详细虽然孙先生在工作中处处掌握决策权，但在家里妻子可是地地道道的"内务主管"，大到买房、买车，小到买鞋、买袜子，都得经过妻子同意。

情况后，又回到售楼部看了户型。孙先生称赞这个项目的两房户型堪称经典，可谓是"麻雀虽小，五脏俱全"；纯南向的户型采光最好，并且这个楼位能看到大明宫，最适合像他一样经常出差或者偶尔过来度假的客户。总之，他对这个项目的喜爱之情溢于言表。我介绍说，小区以后会有公园、商业以及双语幼儿园等完善的配套设施，并着重强调了片区优美的环境和丰富的人文景观，这些都得到了孙先生的认可。他当场致电妻子"报告"项目的情况，想立即定房，而妻子在电话另一端则一再强调等她来西安看过之后再做决定，但孙先生却语气坚决地说："这一次由我做主，你来之后一定会喜欢。"并当场交了定金。

6月的一天，孙先生兴高采烈地来到售楼部，称家人已经提前来到西安，要去项目地点看看。我热情地带他们参观了项目。回到售楼部后，孙先生及妻子的脸上都挂着满意的笑容。孙先生还偷偷对我竖起大拇指，而孙先生的妻子，也对他竖起了大拇指……

80后的"蜗居"梦

李霞

　　那是一个晴朗的午后，售楼部来了两位80后的帅哥，看起来不像是专程来看房的，我上去为他们做了详细的介绍。果然在接下来的交谈中，我了解到他们是在附近逛街，看到售楼部的招牌了，所以进来看看，想了解一下目前房地产的形势，并不打算买房。

　　随着我的深入介绍，其中一个对我推荐的房子产生了兴趣，我便以他为主导，一步步了解他的个人喜好、工作状况、经济实力以及置业目的等。他刚参加工作一年，目前被公司外派到委内瑞拉，年薪25万左右，现在回国休假。但由于参加工作不久，手上积蓄有限，而且家里帮不上什么

忙，所以还不敢奢想马上买房，属于有买房需求但时间不紧迫的类型。于是我继续给他分析全国房地产市场的走势，还为他描述了未来这个地块的升值空间、美好蓝图等等。这位先生兴致越来越高涨，主动提出去现场看房，于是我热情地将他们带到了工地，根据他的情况推荐了一套楼层偏低、朝向西北，但南北通透、单价便宜的户型。

100平方米的小三居非常适合一家三口的居住需求。在进门的入室花园中，太太可以种植花卉，让他踏进家门就有一种非常温馨的感觉；房子的每个房间都有超大飘窗，以后小孩可以将飘窗当做写字台，在上面写字、看书。这两位先生越听越投入，似乎被我带入了未来温馨的生活画面中。慢慢地，他们向我了解这套房的首付、贷款等方面的问题，于是我又将他们带到售楼部，进一步介绍关于定房的所需事宜，计算了首付款后，他在合同的买受人处签上了自己的名字。就这样，我成功地为他推荐了属于他的"蜗居"。

后来，我听他朋友说，其实他本来打算在外面再待一年就回国的，但为了这套房子，他打算继续在国外奋斗两三年。我能感觉到，他这样做并不仅仅是为了一套房子，更多的是为他将来的幸福生活在拼搏、奋斗。我推荐给他的也不仅仅是一套冷冰冰的水泥房，而是承载了他梦想生活的居所之地。

开发商来买房

张文龙

5月初的一个晚上，天气比较闷热，不一会儿就下起淅淅沥沥的小雨。8点多了，我想应该不会有客户来了，正准备回家，大厅里的门开了，进来了四位客户，三男一女。我心里暗暗窃喜，最近运气不错，因为我接待的成交客户不少是晚上"捡"的。我笑着迎了上去"先生，您好！"其中一中年男士回了我一句："你好。"在简单交谈后我了解到，这几个客户是北京来的开发商，"五一"期间回长沙处理家族事务，听说这个项目不错，就过来看看，答话的就是公司的老板曾先生。

在得知项目是世联代理的楼盘后，曾总笑着说："我在长沙看了四个项目，有三个是世联代理的，服务都很不错。"我微笑着从区域沙盘开始给他介绍，在讲到即将修建的城际轻轨时，我明显地感觉到曾总有些兴奋。他问我哪种产品更适合老年人居住，我说针对老年群体，花园墅院无疑是比较合适的产品，有天有地，环境清幽，适合居家，并建议他去看样板房。曾总问："同行踩盘你们也会带着去看样板房吗？"我说："是的，这是世联的服务要求，发展商也要买房，也是准客户啊！"

可能是同行的原因，在看样板房时，曾总几个人显得特别冷静。听完半个小时的样板间介绍后，曾总的助手杨先生看了看表，对曾总说了几句话。曾总说："小张，今天感谢世联公司的服务，谢谢，我很满意。我还有些事，先走了。"我问曾总什么时候回北京，他说明天下午1点的飞机，并递上了他的名片。曾总说："小伙子，我会是你的准客户的，你的服务很不错。"送走曾总后，我马上给他发了一条短信，告诉他我就是他的世联私人置业顾问，他当时并没回复。

第二天刚上班，我就发现公司门口停着一台保时捷卡宴，进到售楼部，我发现原来是曾总和一位阿姨。同事告诉我，这个客户等我好一阵儿了。曾总对我笑了笑，说："小张，我说了我肯定是你的准客户，这是我妈，还不叫阿姨？呵呵！"老太太很健谈，对房子没有疑问，简单了解了一下后就决定购买两套房子。阿姨说："小张，等房子住进去后，请你来我家做客啊。"

看着曾总的背影，我暗暗庆幸，付出一定是有回报的。

> 她个子很高，冷冷的脸上没有什么表情，看起来很难接近。我带着微笑热情地迎上去，客户好像没有被我的微笑感染，只是"嗯"了一声。

那个月我是项目的英雄

杨金全

那天我坐在前台等待接访，没多久进来一位女士，气质不凡。她个子很高，冷冷的脸上没有什么表情，看起来很难接近。我带着微笑热情地迎上去，客户好像没有被我的微笑感染，只是"嗯"了一声。我指引她来到沙盘区，在我介绍项目的时候得知该女士姓杜，是一位很有经济实力的成功女士。

在介绍项目的过程中，我了解到杜女士很善于做房地产投资，我重点在项目未来发展、升值空间进行讲解，杜女士慢慢地对我有些信任了，之后她预定了二期的一套房子。杜女士还表示说，她更喜欢一期的水景房，如果还有的话她会全款购买。

就在我们闲聊的时候，我收到了经理的飞信：一期放出一套房源。我非常兴奋地把新放出房源的好消息告诉杜女士，她也非常高兴。其实这套房子户型不算太好，但是杜女士属于投资类型客户，所以我就在未来升值方面做了很大引导。杜女士最终同意购买，但当了解了价格后，杜女士表示难以接受。我解释说这套房源本已预定，意外出现变动才会放出来，而且房子紧挨景观带，未来升值空间比别的位置都要大，请她考虑一下。她听完我的话，想了一会问我："你说，我买真的合适吗？"看着她复杂而又带有信任的眼神,我坚定地说:"杜姐,合适,放心吧。"她表示如果能再便宜点就定下房子。

我向经理汇报情况后,经理表示根据规定,在明天签约才会有一个点的优惠。当我把这个好消息告诉她后,她还是有些犹豫,说:"这样吧,明天你陪我去你们项目现场看看。"我一口答应说:"行,明天早上我在这等您。"

第二天,我们开着她的小奔驰驰骋在通往项目的观光路线上。看到周边的景色,她心情很好。当天回到售楼处,我们全款签约!在结算的最后一天,我促成项目超额完成任务,而我也成为本月的项目英雄。

"做足魔鬼细节,让客户竖起拇指佩服!"
—— 世联地产华北区域2010年度专业成就奖获得者 杜丽敏

嫌货才是买货人

王丽娟

　　这批温州客户首次来访时是三个人，分别是一对夫妻及妹妹，丈夫姓孔。因为有朋友住在本项目对面，他们过来看朋友，觉得这边大环境还可以，想看看这边的房子。客户的思维跳跃性很强，往往是前一个问题我还没来得及解答，旁边又有人问另一个完全不一样的问题。嫌货才是买货人，我一直很耐心地给他们逐一解释。

　　在介绍所有沙盘的时候，我讲得很细致。因为考虑到客户是外地人，可能对本地的区域情况不是太了解，在介绍过程中我一直在强调，我们的项目三面环湖，一面紧临高尔夫球场，及我们一直很畅销的多面观景户型。我还讲了武汉近几年的发展趋势、后期的增值空间、大城市的发展潜力等。客户自己是做生意的，也非常认同我的观点。之前在介绍小沙盘的时候，我留意到他们很关心小区的配套，所以在去看样板间的路上，我将沿途所有的配套都一一指给他们看，并详细进行了讲解。

通过和客户的沟通，我了解到孔先生夫妻来武汉已有数十年，对现居住的小区不满意，想换个环境好的大品牌小区。于是我就着重介绍开发商的品牌优势和精装修交付标准，孔先生在看样板间的过程中，已经表现出一定的满意度。我向他们推荐了适合三人居住的大三房2A户型，这个户型既可以看到湖景又可以看到高尔夫球场，双面景观，主卧朝东南向，并且刚开盘会有很大的优惠，也有好楼层供选择。他们看样板间看得很细，不停地问交付标准和景观，我几乎把所有关于产品的疑问都一一解答了。看完样板房，我又带他们参观了园林的示范展示区，并到湖边去感受了以后的生活细节。

回到大厅后，现场人很多，我安排他们落座开始看楼层算价格。随后我很自然地问孔先生的妹妹要不要买个紧挨的楼层做邻居。这时候孔先生说这房子确实不错，先算价看看。我们刚刚坐下不到10分钟，签约区就有客户起身去刷卡了，我了解后发现孔先生预选的几个楼层中大部分已被定出，如果想要两个单位在一起的楼层，那就只有29和30层了。孔先生他们商量了一下，很快决定赶紧把这两套房定下来。

在我准备认购资料的同时，客户孔先生又给另一个朋友打电话，那个朋友也考虑在武汉投资。孔先生把所有的情况给朋友介绍了一下后，就又帮朋友也定了一套。在随后的几天里，通过准业主孔先生的着力介绍，他的亲戚和朋友又定下5套房，使我在不到一周的时间里取得了定出8套房的小奇迹。

坐在马桶上看河景

张和

　　客户史先生比较直接，一进门就问了我们项目的位置和价格，我先拉着他在沙发上坐下来，跟他介绍了项目的区域，对项目周边的规划及发展作了非常详细地讲解。期间，史先生觉得配套设施会很有问题，我就把他带到沙盘边上，充分结合公司提供的配套展架的工具，针对配套方面给他做了展望，并对产品做了详细的介绍，包括户型分布、产品类型、园林、周边资源等。他告诉我和家人吃饭后再一起过来了解一下。

　　史先生的女儿大概有十六七岁，上高中了。没等我开口，史先生就站在沙盘前给女儿描述项目的概况，我也借机给他女儿再次描述了一遍项目周边的环境资源。在我讲解项目的过程中，当我说出"在马桶上看河景"的广告语时，这个小史同学感叹了一句，原来你们楼盘就是我们美术老师讲的那个"坐在马桶上看河景"的楼盘啊！我觉得找到共鸣了，就跟她好好渲染了一下我们周边的美景，还和她开玩笑说："你以后就完全可以跟同学说，我家就可以坐在马桶上看河景！"然后我又跟她聊了一会这个年龄段比较喜欢的话题。

　　小史同学对她妈妈说："妈，这个地方就能让你的爱犬尽情撒欢儿了！"说者无心，听者有意，因为我自己也养狗，所以马上迎上去，大方地对她说："您也养狗啊？"然后我顺手拿出我曾经拍的自家狗儿到灞河边上玩耍的照片给他们看。史太太说现在的住处靠近二环，环境嘈杂，空气质量又不好，夏天晚上牵着小狗出来散步感觉很不好。我说在这里买房，能给爱犬遛弯提供个好去处，史太太表示非常赞同。

> "你以后就完全可以跟同学说，我家就可以坐在马桶上看河景！"

　　我开始带他们去看户型，史先生告诉我160~170平方米的都可以，通过交谈我觉得140平方米洋房户型更适合他们，就从专业的角度对两个户型做了充分的比较分析，史先生一家三口都觉得很满意，很爽快地做出购买决定。

找到做主的那个人

林琼

　　成交前一周的周末，她第一次上门，当时由其他同事接待。客户是吴小姐，和她老公顾先生一起过来的。她一直不停地问周边环境以及开发商、代理公司的名称、背景……当天，他们看了最新推出的样板房。

　　第二天再次上门时，由于头天接待的同事休息，由我接待。他们再次要求看样板房。在样板房里，吴小姐再次不停地问开发商、代理公司的背景等等，一直都没有进入主题，沟通了半个小时后，又说要比较一下别的楼盘情况。

　　过了几天，吴小姐用深圳座机打给我，原来他们有意在这边投资，但还是没有说到买房的事，当时我也在带客户看房，所以礼貌地说回头再回复她电话。回到售楼部后，我想来想去始终觉得，她不停地来看房、打电话给我，怎么会不想买房呢？后来，我还是给她回复了电话，在确定她确实有买房意向后，我请她第二天过来再看看具体户型。

第二天，吴小姐和老公顾先生带着儿子如约上门。我选了两个房号让她选择，但是吴小姐始终拿不定主意，一直在问我哪个好。我跟她详细地分析了每个户型的优劣势，她还是下不了决心，担心将来不好出手。我再次详尽地跟她分析项目的地段、环境、规划、配套，见她还是犹豫不决，于是我开始和顾先生交谈来了解他的需求。

在跟顾先生交谈中，我了解到他不喜欢路边，怕吵。我就建议他们关注32栋602单位，这个北看山景、南望园林的单位很快吸引了他们的注意，然后，我又向经理申请了优惠折扣。最后，吴小姐一家当天成功签约！

"问题"客户让我成长

罗雪

入行已有几个年头，各种成交故事经历了一些，很多都已渐渐淡忘，但有一个客户却让我记忆犹新，它的意义不仅在于给自己一种成交的成就感，还改变了我的从业态度。

那天我接待了一对年已花甲的老夫妇。叔叔是上海人，搞建筑出身；阿姨是北京人，设计院出身。他们是头一次来到售楼部。在经过一系列正常的接待介绍流程后，他们很顺利地当天即落定。我内心的喜悦是难以言表的。

叔叔阿姨用不搞清楚不达目的誓不罢休的倔强态度，从这一天起每天早上9点整准时到达售楼部，至中午12点回家午休，下午2点至5点准时在售楼部跟我PK。

然而好景不长，如此"顺畅"的客户在5日后再次来到售楼部办理签约时，让我着实意外了。他们手里拿了整整3大张A4纸，上面写满了关于当天要签的那本《商品房买卖合同》有关问题及需要修改之处，于是我们很自然地开始了一次艰难而长久的签约谈判。关于土地已使用的时间、违约赔偿、验收合格标准、产权约定、交房标准……叔叔阿姨用不搞清楚不达目的誓不罢休的倔强态度，从这一天起每天早上9点整准时到达售楼部，至中午12点回家午休，下午2点至5点准时在售楼部跟我PK。

"小罗，这房子我们肯定要买，但这些问题我们必须搞清楚才踏实，叔叔阿姨这是攒了一辈子的钱……"阿姨说。

"是的小罗，我们也是帮你进步嘛，我们一个一个来……"

我也不断查资料、翻找相关法律书籍、找经验更丰富的同事领导咨询等等。别说，随着一个个问题相继解决，叔叔阿姨的态度也在松动，而他们对我的信任也在增加。有了信任，很多争执不下的问题居然都可以一笔带过，最后，问题圆满解决。

原来与客户之间最难建立的是信任，而信任的建立取决于自己的态度和相应的专业度。这个客户签过之后，我一时间竟不知不觉成为售楼部里的合同专家，可以轻松解决很多想都不曾想过的问题。

后来，叔叔阿姨和我成了很好的朋友。一个"难缠"的客户竟让我意外获得这么多，从那以后我再也不惧怕"难缠"客户和"刁难"的问题了。我想说，谢谢你们的"刁难"，有了你们，我会变得更专业、更成熟、更自信。感谢你们，我的"问题"客户。

专业为本，诚意相待

变电站旁的五号楼

王业驰

你是否曾认为专业的知识得不到发挥？你是否感慨几年的专业知识积累如同白费？你是否曾沮丧在滔滔不绝地向客户灌输知识、理念时，客户却不以为然？以前，每当遇到这一情景的时候，我往往会放弃与对方的争论。但是每次将客户送出门的时候，我的心里总伴随着一阵失落，难道我这个专业销售人员就不能说服一个"非专业"的客户吗？

一个偶然间的发现改变了我的做法。

我们项目中有一栋五号楼，该楼的北侧有一座位置很近的变电站。客户对变电站都十分敏感，尤其是害怕电站的辐射。就在五号楼刚刚发售的时候，我连续有几组客户都遗憾地因变电站问题而走掉了。后来，我在网上找了很多证明变电站对人体无害的专业资料，并打印出来。每当客户对变电站提出异议的时候，我就把资料拿给他们。但是出乎我的意料，所有的客户几乎都对专业资料没有兴趣，有的拿起资料扫一眼即放在一边，有的甚至看都不看，依然以变电站对人体有害为由，拒绝了五号楼的产品。

我开始认真地思考这个问题，即使再权威的专业知识，如果是孤立地放在客户面前，其说服力也会大打折扣。因为广告的泛滥，我们的客户对于单纯的权威和专业已经产生极大的免疫力。

于是我决定改变方法，由单纯地使用专业知识介绍，变为引导性地运用专业知识。比如五号楼和变电站的关系，我向客户介绍这是一个专供学校使用的一级电压输出站，它的输出功率只有正常家用电压的一半，让客户自然地联想到这样的电压和功率肯定对人体无害。我告诉客户，这种落后的变电站在很多城市被地下光缆和地下输电设备所取代，所以变电站被淘汰也是一种必然的结果。接着我又从项目规划的角度引导客户，电站的输电塔跨越了项目的商业配套区，一旦日后商业区的商业开工建设，电站附属的电塔势必会影响建设，那时商业区的发展也将会推动变电站的改建。

经过这样一系列专业有引导性的分析，客户往往就容易接受五号楼的产品了。专业引导比单纯使用孤立的知识，效果要好得多。

现在，我可以更灵活地运用我的专业知识去引导客户，而我的专业知识往往是打开他们心扉最重要的那块敲门砖。

关键需求锁定式询问

杨瑜

老夫妻俩都是美籍华人，叔叔是博士、科学家，阿姨是家庭主妇。他们打算买一套308号楼的三居或四居自住。多年的国外生活，使得两人对沙盘没有概念，只问了句：园林跟沙盘做的一样吗？我说是，但他们眼中满是怀疑。

我继续和叔叔聊天，渐渐了解到他们曾经在深圳买过一套房。说起在深圳的房，老两口很激动，抢着说房子、小区环境有多好，他们住着有多舒服，要不是叔叔调回北京，说什么都不会把那房卖掉。我初步了解到他们的居住需求，主动提出带他们去小区里转转，他们马上就答应了。

那天秋高气爽，是北京难得的好天气。我边走边介绍小区的园林特色，特意绕远路把园林逛了一遍，声情并茂地说着我们园林是水与树相映、树与草相结、动静相宜的。果然，阿姨说："小杨啊，

事后阿姨说："小杨啊，我觉得你很真诚，一点儿没瞒我阳光遮挡的事情，所以才当场就交钱的。我觉得在你这里买我放心。"

你能再带我们去实楼里站着看看园林吗？""好啊。阿姨叔叔，路上有些滑，你们慢点啊！"进到实楼，我指着三居和四居的大幅落地窗说："叔叔，看！您和阿姨以后就在客厅沙发上都能看到这么多园林呢。"他们也很兴奋地说着要买什么家具，什么时间装修等等，还说跟他们在深圳住的小区很像。

回到售楼处，叔叔说两套都很好，只是不知道该买哪套。我觉得自己有义务帮他们找到最适合他们的房子，于是开始我的"关键需求锁定式询问"。

"阿姨，平时家里都有谁住啊？"

"我儿子在上海有房，即使回北京也就住那么一天两天，国内也没亲戚来往。平时家里就我们夫妻俩住。"

"那考虑一下三居吧。阿姨，平时家里没有那么多人住，房间多了您打扫起来麻烦。而且说实话，四居虽然三面观景，但在中午1点到下午3点阳光会有遮挡的，三居就没有阳光问题了。"

阿姨看了看我，说要和叔叔说几句话。几分钟后，阿姨叫我去填收款单，一次性付款买下一套三居。

事后阿姨说："小杨啊，我觉得你很真诚，一点儿没瞒我阳光遮挡的事情，所以才当场就交钱的。我觉得在你这里买我放心。"

找对沟通的角度

肖莎

　　从成为房地产销售代表开始，总会有很多人问我，做销售你开心吗？有什么特别的感受吗？我总是笑一笑，很肯定地说：我现在的生活，很简单，也很充实。即使有时候会觉得很疲惫，但我不曾想过要放弃，因为我很满意现在的工作，它让我感觉自己一直在不断地成长。每次成功卖出一套房子，都让我既快乐又兴奋，而这些快乐都是靠努力积累而成的。

　　我记得有个客户苏先生，二十多岁。5月份第一次上门的时候，不爱说话，略带一点戒备心，甚至连自己做什么工作的也不愿意说，没呆多久就离开了，说以后再带女朋友来看房子。于是我在第二天就邀请他上门。

可是一连约了几次，他都是说女朋友要上班，没时间。不过我能确定，他是想要买房的，而且还很看好我们项目。于是，后来再约他时，我没有直接说看房子，而是邀请他和女朋友一起来参加项目的周末小活动。

苏先生带着他女朋友一来直接就找到我，要我给他女朋友介绍，并且他自己也一直在说项目的优点。看房子的过程中，我能明显地感觉到他比上次更好沟通了。他还说来看我们项目是因为觉得这边是洋房，而且是别墅社区，居住的人群纯粹，因为考虑要结婚生小孩了，希望自己的孩子有个好的成长环境。我不断传递小区有完善的教育配套的信息。两人看了户型后很满意，决定回家考虑后再给我答复。当我再联系客户时，他说首付有问题，要过段时间才能买。虽然我有点沮丧，但也在想尽一切办法帮他争取延期签约。

接下来很长一段时间，我一直跟苏先生保持联系。直到有一次，他坦白地说自己其实是因为看现在市场淡，有可能要降价，所以才选择观望。这时我才意识到自己之前沟通的角度，并没有真正了解客户的真实想法。

我下决心好好维护这个客户，假日和周末的时候发条祝福短信，市场有利好信息时及时告知客户。久而久之，客户对我增加了了解和信任。

那天，苏先生主动来到售楼处，一进来就问我价格涨没，直接要我再带他去工地看看，而且锁定看十号楼，并且说要和哥哥一起买对门对户的两套。

看房过程中我提到项目对面的地块要有新规划，近期不少客户到这边来买洋房、买商铺的，项目价值会有明显提升。我笑着问他是不是知道对面的地要建政府办公楼什么的，果然，他特得意地笑着说自己当然知道。

第二天，苏先生带着哥哥来看了房子，也对户型很满意。后来他们虽然因为十号楼前面是电梯房的原因有些犹豫，但最终还是在7月3日那天，两兄弟一起来售楼部痛快地签订了认购协议。

为客户提供超值服务

罗琼珠

　　记得成交的前一周，项目经理给我看了一篇题为《客户为什么选择你》的文章。文章的大意是说，我们存在的价值不仅是为客户提供期望值以内的服务，更因为我们为客户提供了超出他期望值的服务，也就是附加值。当我们做到了竞争对手做不到的事情，客户就会选择我们。看过之后我很受启发，而我成交的这一单也正是因为我为客户提供了附加值。

　　这个客户是看了我们的报纸广告来的，初次购买商铺，准备自己做生意，但是因为没有经验，不知道该经营什么。项目目前剩下的都是内街的铺位，因此在引导客户时，要突出裙楼商铺投资少、风险小、收

> 在给客户做了一些地段、价格对比和发展规划之类的分析之后，我提出了我的建议——经营干洗店。

入稳定的优点，客源主要是本区及周边的住户，因此内街、外街并不重要，重要的是经营业态及经营策略，而且内街的铺位价格低、面积小，更加适合自营。

在给客户做了一些地段、价格对比和发展规划之类的分析之后，我提出了我的建议——经营干洗店。因为我在跑盘的过程中发现附近几个楼盘都没有干洗店，这无疑是一块大蛋糕。我对客户说："位置其实并不重要，因为你只需要在一个门面摆放干洗设备。你可以到周边几个楼盘派发卡片，开设上门收送衣物的服务，还可以到附近的美容美发厅收送毛巾，甚至一些酒店、餐厅还有超市的桌布、制服等都可以成为你的业务。"客户听了频频点头。

一个小时后，这个客户带着家人又来看了一次。

当晚我跟一个做干洗的朋友深入了解了一些情况：如一天的营业额、住户送洗的衣物有多少、美发厅的毛巾有多少、成本占多少、前期投入多少资金等等。第二天我把客户约到售楼处，并把我了解到的这些数据告诉他，使他信心倍增，最终成交，并希望我做他的经营顾问。

这个案例让我充分认识到，如果我只是流于表面地给他作介绍，而不下工夫去替客户解决真正担忧的问题，这个客户未必会选择我。为客户提供超值服务，获取客户的信任就是我存在的价值！

在临行当天，C小姐突然来电说："N总有一封信让我转交给你，想要对你的辛勤工作表示感谢。"

3000元的红包

黄前伟

5月中旬，项目的裙楼写字楼信息尚未对外公布。当时我接待了一位客户C小姐，经初步了解，得知该客户打算购房用作餐饮用途，我让她留下了联系电话。经过多次与客户接触，我知道其早有意向经营餐饮行业，并一直在周边寻找合适地点。但由于该客户从未接触餐饮行业，所以心里还有些犹豫。我就利用自己过去从事餐饮多年的经验，介绍并分析了现在消费者的心理感受，帮助她从一般消费心理上分析市场定位。经过一段时间的接触，我们彼此已比较熟悉，并且达成了许多共识。

后来又来了一位客户N小姐。该客户多次上门了解住宅情况，但奇怪的是，她在看完楼后多次在花园打个电话就离去。后来N小姐最终定购了一个单位，并表示也有意向购买商业裙楼，但最后她却什么没买，甚至连住宅也退掉了。

9月中旬，商业裙楼的价格出来后，我通知了两位意向客户C小姐和N小姐。C小姐立即询问具体优惠方式及付款问题，但N小姐过来后只是咨询。我与N小姐共同探讨了餐饮中的人员管理、招聘与培训等问题。在交谈当中，我感觉N小姐的餐饮经营思路与之前的C小姐十分相似。经过长时间的交谈和对两位客户的接触，我推断N小姐和C小姐为同一公司客户。我向客户直接提问后，得到肯定的答复。后来得知，原来该公司正在将周边的商铺进行对比，由于我们项目组多次上门送资料、图纸并进行探讨，使得该公司深为感动。

临近中秋之际，我要回深圳参加培训和考试。在临行当天，C小姐突然来电说："N总有一封信让我转交给你，想要对你的辛勤工作表示感谢。"6点左右，C小姐送来一封信，就转身离开了。我捏了捏信封，觉得很可能是红包，拆开一看，里面果然装着人民币3000元整。由于时间关系，我立即上报公司领导并致电N总说下周一去拜访她。

周一开完会后，我立即上门拜访N总，一起谈谈餐饮场点的选择。在交谈过程中，我多次表明了世联的企业文化和行为标准，并顺利将现金退回给客户，让客户深受感动。

1%机会=100%努力

王丽

5月的一天，有两个二十八九岁的年轻男子上门。我面带微笑走上去迎接，给两人介绍了区域和沙盘，了解了购买意向。

客户姓庞，是陪同事来看房的，自己没有购房计划，他同事想买一居室，而项目却没有这类产品。我把两个人挽留下来，与他们聊项目和区域发展潜力。两个人的注意力都很集中，从神态中我感觉到庞先生有些感兴趣。于是我就向客户着重介绍项目的优势，又列举了多个客户的成功案例给他们听。我还谈了一些买房的小诀窍，如买房的最佳时机、买房的升值潜力、如何选房、选什么样的房子升值空间大等。

后来我把目标转移到了庞先生那里。他是北京人，家里有住房，做广告行业的。我们谈了一些关于房市的问题，还聊了一些同龄人的话题，聊得很投缘。只要有1%的希望，我就要100%的努力。

隔了一天，我约庞先生周六带家人过来看房。他父母一进门就说："你们这好远呀，都到六环了，这周边好荒凉，没什么配套吧。"我笑了笑，说："您累了，休息一下，喝点水吧，一会儿我把项目好好和您介绍一下。"

5分钟后，我把整个区域及未来的发展给他们详细分析了一下，又把项目做了详细介绍。两个老人这才有了点微笑。后来庞先生又多次带家人来到售楼处，经过了几番波折，最后终于成交。

> 他们拿了张地图，打算将市区约50个楼盘兜个遍，然后才决定购买哪一处。那张地图上的每个新楼盘名称处都画了圈，可见他们想搜遍全城的决心。

陪客户搜遍全城

吴惠娜

一对25岁左右的年轻情侣来到售楼处，目光有些心不在焉。男方手上拿着一张新版的东莞置业地图。

我迎面微笑，还没开口，男士就先声夺人，说："我们这两三个月都不会买的，你不用白费工夫。"一句话把我的热情降到零度以下，但我很快调整过来，微笑着说："先看看吧，买不买都没关系。"

在给他们介绍项目的时候，我了解了一些基本情况：他们都是公务员，参加工作3年左右，想买120平方米的三房，总价45万上下；之前没有看过楼盘。他们拿了张地图，打算将市区约50个楼盘兜个遍，然后才决定购买哪一处。那张地图上的每个新楼盘名称处都画了圈，可见他们想搜遍全城的决心。

带他们看完120平方米户型样板房和毛坯后，我没有急于带他们去售楼处算价，而是绕着小区，带他们看看幼儿园、小学，还有即将开业的超市等社区配套设施。同时，一路上我不断地给他们讲解政府规划、项目进展、居住环境等。

客户夫妇对项目比较认可，算了一下价格，也满意。但是，男客户起身要走，我知道他想去看其他楼盘，建议道："我作为这个行业的专业人士，也许可以帮你们分析一下城区各楼盘的情况，或许可以帮到你们。"

他们半信半疑地听我分析。我和他们一起对市内在售的50个楼盘作了筛选，把不符合他们要求的统统剔除。1个小时后，范围缩至3个楼盘，我针对3个楼盘的120平方米户型逐个讲解各自的优劣势。

客户慢慢认可了我的分析，可是坚持要去看看另两个楼盘，于是我陪他们一同驱车前往。情况正如我分析那样，要么是小区小了，要么配套不完善，要么地段太差，都不能满足他们最看重的部分。他们随我回到售楼处后，当即就成交了。

再后来他们有事必先咨询我，并且一个月内给我介绍了5个客户，都爽快地成交。其中有一个，楼也没有看，凭户型图15分钟就买了。

故事还有续集

洪芳

到点了，案场从喧嚣到安静，最后一组客户离开了。办公桌上的电话响了，保安告知有客户来看房。一组客户，五六人，只买门面房。虽然目前项目只有住宅部分在售，商业单位尚未开售，但来者都是客，我仍全身心投入接待。

按照流程，我认认真真地介绍区域。这时其中一位穿绿衣的女士说："区域我们都了解，因为我们就住在对面的小区。"话题就此打开，她说这次是专门带叔叔到合肥买门面房，叔叔住在淮南，奋斗了大半辈子，很希望将来在合肥有间门面，随便做点生意，最好能与亲戚住得近

些。得知他们并不是为了真正意义上的投资，我感觉事情有了转机。

我引导他们一行人先落座，大大方方地说："将来商业开盘一定会及时通知你们。"随后，我把项目的住宅户型图拿出来，尝试着给他们展示，"如果你们考虑在这里做生意，住在附近的话可能会比较方便。我们小区的居住环境你们现在都可以看得到，很多外地客户就是看中了我们这里的环境，空气里都有花香。"他们笑了，好像配合我似的，做了一个闻香的动作。我继而把近期的各种活动和优惠一起介绍给他们，他们从无动于衷到有所触动再到心动不已。接下来的样板房参观更像是一注强心剂。

虽然他们当天并没有购买，但在整个过程中，我积极服务，走在楼梯口，我搀扶着长者，在送他们出门的时候，给小朋友赠送了扇子等小礼品。我觉得自己胜券在握。

接下来的故事，当然是一个完美的结局，客户购买了心仪的房子。

没过几天，他们又打来电话："小洪啊，我们老家还有亲戚也想买一套……"

其实，故事还有续集……

再来一单

董萍

记得上岗前的那些日子，难过、失落、不自信，也因为这些消极的心态和心情，使我比一起实习的同事晚了两个星期才正式上岗。

不过幸运的是，上岗的第一天我竟然开了一单！虽然让人羡慕，但自己却兴奋不起来，因为这第一单开得太顺利了，之前设想过N种可以运用到所学专业知识的情形，都没有发生。不过这第一单让我找回了激情。我在心里不停地对自己说："再来一单！再来一单！再来！再来……"

第二单让我找到了一些兴奋的感觉。

之前接待的客户带女儿和女婿来买房，办完手续，客户又突然觉得自己所买的房，阳台位置不如样板房的好。女婿很坚决地想要退房，父亲则有一点犹豫，提出要再去看一下样板房。我立即抓住这个机会，在看样板房的过程中，我对照户型图细致地给客户讲解了一遍，客观分析了两种阳台不同位置的利弊，最后客户发现，之前推荐给他们的房型其实更适合他们，便不再提退房要求了。

在成交的过程中，我一直保持着良好的情绪，自始至终微笑着，因为我知道无论客户提出什么样的要求，他们的出发点并不是要故意刁难，只是希望能买到自己心仪的房子。

第二篇
思路决定出路，策划步步为营

蓦然回首看世联

5个月的成长故事

魏琦

景湖园中以身栖，绿坡城上初试蹄。

水濂寻静思己过，古庙承闲悟天机。

静瞰天下伏身栎，一朝得机骋千里。

自古英雄好震荡，再上旗峰邀旌旗！

不觉间，来到世联已经快两年了，翻开去年5月初写的这首诗，字里行间还能读出一种澎湃的激情。我的思绪回到了那个时候，回忆起了一个个在世联成长的故事。

3月——初入宝地

"人生只有真正拼搏过，你老了以后才有东西值得回忆，人生才有分量。"刚进入世联，领导就这样教导我，让我真正认识了为工作注入生命的意义，也为我后面的工作奠定了一个主基调。

很快，我便被分到了公司一个很重要的项目，这让我有一种莫名的兴奋感，因为这个项目是世联宝地，培养了世联的许多精英，也诞生了许多世联的传奇。如同新娘出嫁般的，我带着一丝丝的兴奋与紧张，开始了世联征途。

刚进入项目我主要负责项目的推广与活动。初始工作时，我难免会有一些畏首畏尾，也有点信心不足，但是随着与同事和发展商的深入沟通，以及对于市场及项目的更多了解，我工作起来也渐渐得心应手，并能够在一些问题上提出自己的看法。

4月——临危受命

新政的骤然降临打乱了项目营销的节奏，原本不错的销售速度立即跌入低谷。而此时也由于其他原因，我被推上了主策的位置。我明白这是领导对我的考验，也是对我的信任。面对这样的临危受命，我调整好自己的状态，告诉自己，未来将有一场硬仗，一场与市场的较量。

"震荡方显英雄本色！"在项目第一季度激励大会上，我这样激励着我们的团队。面对冷淡的市场，我们不用畏惧，因为惟一值得恐惧的就是恐惧本身，我们需要的应该是激情与斗志。

5月——团队组建

5月是分水岭显现的时刻，中下旬开始便面临着销售遇阻，同时策划工作也遭遇重重阻力。为了更好地推进项目工作，团队增派了同事加入，这样我们策划三人小组的小团队成立了。我作为这个团队的引导者，带领着团队一起分担项目的策划工作，同时也进行团队管理。每个策划各司其职，在各自领域上发挥积极主动的精神，同时保持密切沟通与交流。

"我们因团队而强大"，秉承着这种团队精神，这支新组建的团队磨合得还算顺利，并迅速开始了项目各项工作的推进，获得了发展商的认可。

前线故事

新政的骤然降临打乱了项目营销的节奏，原本不错的销售速度立即跌入低谷。而此时也由于其他原因，我被推上了主策的位置。

6月——顶住压力

6月份的销售情况比5月份更加艰难，甚至出现了单周零成交的情况。作为主策的我，无疑面对着巨大的压力。这时我们与高层一起积极寻找出路，并通过一系列的团队内部培训、激励，以及营销渠道精细化、活动新颖化、外部客户拓展等方面精耕细作，争取突破销售瓶颈。

在世联，压力是无时无刻不在的。如何将压力转化为动力是考验一个人能力的重要渠道，也是锻炼一个人最好的方式。每当面对压力的时候，我都告诉自己，告诉团队："无所谓成功与失败，坚持意味一切！"顶住压力，勇敢挑战，坚持下去，前方就是胜利！

7月——新的挑战

刚进入7月，项目的销售终于在之前的努力下渐渐有所起色，同时整个团队的士气也空前高涨，项目团队与我个人都获得了公司领导层的认可。但是新的挑战也接踵而来，如工作量的繁重，以及组内人员调动等因素困扰着我。

这无疑是团队的新挑战。在这一时刻，最重要的是成员间的沟通。通过沟通我们找出了各自的问题，并鼓励大家要坚持一贯的勤奋与拼搏精神，通过一些专业培训以及心态调整，最终稳定了团队心态，保持最佳状态推动项目。

> "我总是很笨很笨，我对上司说，我总是这么笨，始终学不会，可是上司说，那我就教到你会为止吧。"

泰格的成长周记

张炳鹏

写在前面

泰格即Tiger，大学同学喊我的名字。我进入世联之前没有接触过策划工作，算是新人一个。周记是记录，更是成长。

第一周 欲速则不达

进入公司一个多月了，项目组的每一个人都在竭力帮助我。自己有成长，但还是较慢。在公司一季度会上，有获优秀奖的同事说："我总是很笨很笨，我对上司说，我总是这么笨，始终学不会，可是上司说，那我就教到你会为止吧。"当时听了很感动。

我或许还是有一点急躁，总希望自己能够更快一点，但是欲速则不达，反而搞得自己纠结抑郁。这个不是曾经我认识的泰格，我需要回归。曾经有同学对我说，胖子没有忧郁的权利。好吧，从明天起，面朝大海，春暖花开，就做一个心宽体胖的胖子吧。

第二周 低级错误不要犯

周一早上让我郁闷了一把。在邮件发送这个事情上居然连犯了两次错，组里虽然没人说我，但是自己很纠结，这也和世联的专业不符。后来朋友对我说，如果事情有可能出错，它就会出错。我开始调整思路，当然并不是把这话做借口，而是想以后怎么不犯错，首先必须要仔细。于是后来我参考了组员的文件归档方法，也按类别整理好，看着更有条理，心情也好多了。

　　因为很多东西不会，计划晚上回家自己补补，但是执行情况不是很好，还是要加强自律。另一个就是自己每天事情一多，立马手忙脚乱，所以时间管理上还得多学习一些。

第三周 珠海印记

这个印记是指在我身上的。我在端午节时跑到广州会老友，一起暴走广州。回想这次广州48小时，感悟有一点。以前很喜欢它的包容、市井、现代，应有尽有，还有地铁系统。这次去还是有，但是刚到那里我就发现自己身上已有了珠海印记。刚在体育中心落车（呵呵，喜欢这词），看到"汹涌"的人流，挤在永远拥挤的3号线，我发现我"人群恐惧"了……其他的，像环境、空气、燥热等等，相比之下，我开始发觉我在珠海的幸福。广州两天玩得很开心，但是那只是玩。如果说让我去工作，我会很犹豫。逃离北上广，我同意。

第四周 细节决定成败

本周工作在进一步有序化；感觉越来越好，最明显的差别就是下班回家时不会再郁闷（之前因为事情没做好，回家时很纠结），遇到一些事情也不再像以前那样慌乱，开始有了一点方向。

周二例会，因为会场没有投影设备，发展商问起市场动态，前一天刚整理的数据中，有一个数据没能记住。这个事情虽然不大，但是值得反思。做好每一个细节，才能步步为营！

那天例会大概有近40分钟都是广告公司对开发商就杂志广告的沟通，语言很诚恳，讲了几个大型项目在广告设计上的技巧，最后开发商被说动。全程听下来，我觉得还是能学到一些东西，比如语气、态度、语言组织、内容先后顺序等等。守着世联这座金矿，诸如这样的沟通场合会有很多，我会不断加强学习。

第五周 追根溯源

时间一如既往地飞逝，总有"前天才过周一"的感觉，似乎还没来得及做多少事情，就一下子到周末了。

现在项目到了冲刺阶段，事情很多，往往一件未了一件又起，效率是一方面，更多的还是统筹吧。我的体会是：接到一件事情，应该好好想想前因后果，需要怎么做，怎么准备，怎么完成，怎么修正。全程不懂的，随时找同事解决，要建立自己的条理。往往有几个事情叠在一起，那就需要分出轻重缓急，或者同步进行。

本周两件现在看来很简单的事情，一个是开发商的半年总结，另一个是网站规划建议，自己当时却纠结了很久，熬夜弄出来的东西不尽如人意。问题出在哪里？首先是自己缺乏思考。对这个报告，应该写什么，要用怎样的表达形式，都要向领导请教。自己以后还要多参考其他报告的表达形式，而不是拘泥于纯文字，达到最好效果即可。第二是过程之中及时的反馈，有新的想法或者不敢确定的地方，及时汇报，然后融入报告中。简单说，就是思考、功课、沟通、执行。

第六周 策划是一种生活方式

一星期又"哗"地没了。

本周一直在联系推介会场地的事情，还是有点拖泥带水，不是很到位。总结原因，首先还是思考没跟上，自己对事情的感悟不够，不能等着领导布置后简单执行，而是需要自己去问，去深入。不要让问题出现再回头修正，要走在工作前列。第二，考虑问题要全面，这是一种工作思路。比如说我只问了价格，但是履行中的变更、取消等具体情况却没搞清楚，这说明我想得不够细。以后的工作，还是需要不断完善，有意识地多想想。

本周开了新老交流会，个人感觉是又一次洗礼。前人们的金玉良言让我很受益，尤其是"明确自己想要什么"、"工作不带入生活的烦恼，生活中不掺杂工作，享受单纯的幸福感"和"适应这种生活方式"，都给我很大启发，不单单是做好每一项工作，更关键的是自我的全面塑造。

第七周 八卦，值得我们拥有

感觉越来越从容，尽管还是会有束手无策的时候，但不再像之前那般慌乱，会冷静地想办法，呵呵，这个应该就叫成长吧。

自己的心态没什么说的，应该是几周前就调试得很好了，现在是继续保持。而慢慢地，随着自己的沉静，开始发现生活中的万般好。快乐，就是这样简单嘛。

周五经历了年中述职，我觉得公司的目的也就是让我们这些"新人"对自己、对工作更加有条理，明确目的和方向。领导给予我的更多的是鼓励和寄语，我也开始更加明确公司的期望和自己的责任。我很庆幸的是在世联，有同事，有领导，尤其是团队每个人对我的宽容、理解、鼓励、指导，让我一点点进步，让我开始慢慢进入轨道。我很感激，也将更加努力。

日常工作上的感悟是昨天收获的。一是开会讨论广告的时候，谈到市场上出现了新颖的广告形式，这个情况我却一点不知道。对于竞争对手的情况，不仅仅是每周一的市场动态、广告、营销动作，细微的风吹草动都要关注，这应是一个专业策划人的基本从业素质吧。那么从现在开始，保持一颗八卦的心，利用我们的世联资源，利用网络，利用各种媒介获取信息。

第八周 敬请期待

策划生活还在激情演绎，泰格的成长周记也仍将继续，敬请期待！

> 想想这个投标报告，累计修改不下10次，本来公司的三级评审已经全部通过了，只要做一点微调就算交差，但是我相信可以做得更好。

一杯没有加糖的咖啡

吴德文

在世联，我也算得上一个不折不扣的老人。3年多的经历，可说之事、可言之人不胜枚举。只是千头万绪，却反而不知从何入手。常言道，大处着眼，小处着手。3年多在世联的种种情景浮上心头，不禁让我思绪万千。于细微处见精神，或许3年的历练也只凝聚于某一刹那。

场景1

时间：12月24日平安夜

地点：酒店临时办公点，距离公司约150公里

背景：项目现场驻场

画面：酒店大堂的喧哗鲜明地映衬出商务中心的冷冷清清，又是一个人独自在现场加班对接广告稿，我开始习惯一个人去处理很多事情。自上月中加入这个项目以来，每天工作到夜里，早则12点左右，迟则凌晨两三点。

周五的晚上，爸打了个电话过来，告诉我生日时吃好点。当时差点哭出来，眼泪硬是忍住没落下。要是没有这个电话，我早就不记得这个生日了。白天去拓展大客户，中饭没来得及吃，晚餐也就随便对付了一下，然后回到

现在坐的这个地方，加班赶第二天选房的方案以及相关的准备事项。

晚上7点，酒店的人流逐渐多起来了。今晚是平安夜，大家都出来欢聚。我已经不记得前几年是怎么度过这个夜晚的了，但是今晚我只能一个人在这个商务中心里埋头赶方案。因为我始终牢记：今日事，今日毕！要尽最大的努力去完成当天的事情。

场景2

时间：9月22日深夜

地点：公司9楼办公室

背景：准备次日上午10点项目投标报告的汇报

画面：时针已指向凌晨3点，但是头脑还是很兴奋，终于把动过大手术的报告保存在电脑，总算能让自己有点成就感了。身后的办公室还有一个同事在加班，我不知道他几点回去。相互鼓励了一下，我平静地走出写字楼大门。

迎面的微风让我一阵鼓舞，恐怕很少有人能享受到凌晨的凉风吧！

路边隐隐约约有几盏灯，我的心情已经平静。没有车，也没有人，只有幽幽的灯光加上声声蚊虫的叫声。本该是入睡的时间，却偏偏没有困意。想想这个投标报告，累计修改不下10次，本来公司的三级评审已经全部通过了，只要做一点微调就算交差，但是我相信可以做得更好，所以即便全部推倒重来，即便今晚不能睡觉，我也要拿出一份让自己认同的报告，我相信自己可以做得更好！

场景3

时间：12月19日晚上9点

地点：销售中心经理办公室

背景：周年庆典暨范冰冰等明星见面会

画面：接近5000人的狂热现场让我们的心很是揪了一阵子。待到活动正式拉开帷幕，大家都累得快要趴下了。范冰冰到销售中心的时候，我在内场维持现场秩序，以防止疯狂的人群一拥而入发生混乱。当她走上舞台的时候，我们所有人却累得坐在办公室的椅子上站不起来。为了迎接这一刻的到来，我们的神经一直高度紧绷。方案细化、开会协调、人员调配、布场彩排，直至再无疏漏。从落实活动方向的一波三折，门票派发的事无巨细，到活动组织执行、协调沟通的有条不紊，现场布置的一丝不苟，虽然自始至终，一个明星都没看到，我也并没有遗憾。因为即便累到要趴下，发展商领导的一句话也让我觉得再苦再累都值得了："这是惟一一次没有受到董事长批评的大型活动，也是惟一一次让公司全体高层都比较满意的活动，世联的准备工作做得真好！"原来因做足功课而专业的价值体现在这里！

我想，在世联的人生就像一杯没有加糖的咖啡，喝起来虽然是苦涩的，回味起来却有久久不会退去的余香。

因为有正确的心态，让我们能很快适应工作；因为志同道合，我们总是满怀激情地工作；因为激情，让紧张忙碌、压力巨大的工作充满了阳光与欢乐。感谢对我们满怀期待谆谆教诲的领导，感谢给我们充分信任和帮助的前辈们，感谢所有给予我们成长支持的人，感谢在世联的3年磨砺。是作文，以为记！

U与T

黎薇

世联一直倡导"因团队而强大"，世联的DNA与团队密不可分。我们通常说，团队的构成要素总结为5P，分别为目标、人、定位、权限、计划。但我认为还有一个U与一个T也很重要，即Undertake，承担；Trust，信任。

而承担则是信任的前提。这一点，在房地产代理行业，尤其对于一线的销售与策划岗位尤其重要。销售与策划都是目标导向非常强的岗位，没有承担，就没有结果。而承担什么，如何承担，是否敢于承担，在世联文化中的解答就是"挽起袖子先干"。

在世联，有非常完善的指导人制度，新员工入职后都会安排一位指导人（师傅）进行一对一培养。指导人将按照各个岗位的工作要求严格细致地教授与培养新人，比如在策划岗位，新人作为策划助理，分配项目后将跟随项目的主策或者策划经理学习策划的基础工作。

现实的要求是，这个小孩不仅仅要会走路，而且还要会跑，在必要的时候还要能冲刺。

打个比方，小孩子开始学步时都是由父母的大手搀扶着一步步的学习，或者坐在学步车中学习。但如果某天父母的双手与学步车都没有了，那小孩子还能不能独立行走呢？现实的要求是，这个小孩不仅仅要会走路，而且还要会跑，在必要的时候还要能冲刺。

我所在的项目即将开盘之时，临时进行了人员调整，项目的主策（我的指导人）由于特殊原因被调离负责另外一个项目。一直以来依靠的大手没有了，在还没有学会跑步的时候，现在的我必须完成这段赛程。于是，项目的开盘重担落在了我的肩上。必须要承担！在这样的压力下，一个多月的时间，我不得不承担了几乎所有的开盘筹备工作，包括报告（这也是我第一次向甲方做正式汇报）、价格表、开盘物料、文件、执行方案与销售线梳理客户等。现在回想起来，这是个非常艰难的过程，每天都工作到半夜，也很焦虑，但最终的结果令开发商客户十分满意，我也用自己的努力赢得了对方的信任。正是由于经历了这段艰难的过程，才让我从蹒跚学步成长到能百米冲刺。而在这个过程中所养成的快速学习的方法以及心态，也成为我在后续工作中从"独当一面成长到独当三面"的重要技能与经验。

上面说的是一个U，下面说一个T，信任。自己做好自己的事的前提就是信任。公司对于各项目组的信任，项目组对于每个人的信任使得个人在统一的目标与计划下，在适合的岗位，充分发挥自己的优势。而在世联，信任这个词尤为重要。

2010年，在市场调整的背景下，我们最常说的一句话就是"相信信任的力量"。我所在的项目有个刚毕业的销售代表，一个漂亮的女孩子，前段时间一次性成交了3套住宅，放在2009年，大家不会觉得突出，但在"4·15"新政后的珠海，在整个情侣路沿海线所有项目一个多月零成交的背景下，这个数字足以让人惊叹。

除了这个女孩本人的热情与周到服务外，成单更重要的原因是团队的相互信任与支持。经理与老销售代表给了新人足够的发挥空间，并在一旁提供适当的协助。在整个团队共同努力下，客户成功落定。在整个过程中，大家由于信任，做好了各自的事情，而做好自己事情的同时，也打了非常漂亮的一仗。

承担与信任已经成为世联独特DNA中的一部分，而这种DNA所造就的高目标感与目标实现能力就是在房地产代理行业中的制胜关键。

身后永远有团队

罗剑儒

还记得走出校门的时候，曾问自己，毕业1年的时候会在哪里，过着怎样的生活；而2年，5年，甚至是10年后又会怎样？那时更多的是彷徨，然后才是兴奋和喜悦。

我从事房地产策划已经近3年了，3年的时间没有轰轰烈烈的经历，但每当回想起自己当初走出校门的选择，至少可以会心一笑。我的选择没有错，自己正沿着正确的道路发展事业。

一直都有一个信念，家庭才是我最大的奋斗目标，但美满的家庭需要有坚实的事业作为基础，所以选择拼搏，选择奋斗。

埋头于大大小小的报告，投身于琐碎而重要的项目执行，时间便不知不觉流逝。已经记不得有多少个在公司挑灯奋斗的夜晚，也记不得有多少次为了报告更完美，将修改了N次的报告修改N+1次……累，是世联的常态；但快乐更是世联的代名词。

世联的同事关系是我们世联人最为珍惜的情谊。在这里没有相互的猜疑，取而代之的是大家真心的相互帮助和温馨的相视微笑。常听世联"老人"说，世联是允许个人犯错的地方，因为世联"因团队而强大"。挫败的时候有领导的理解，迷茫的时候有同事的支持，世联永远都是团队作战，团队永远是个人最强大的后盾。在世联，大家一起商讨，一起分享的氛围，可以让每个世联人都融入工作的"大家庭"，而不是死板地机械执行。

短时间融入公司，并短时间展示个人才能，在世联并不是件难事。世联"OPEN"的接纳，世联坚定的"信任"让每个人都能在其包容的氛围下正常发挥，或者超水平发挥。正因为这样，世联的团队才能愈战愈勇，精益求精。

由于领导的信任和同事的支持，我得以在世联的舞台上得到更多的机会，收获更快的成长。在世联的培养下，我已经能承担更多的责任，也迎来了新进入世联的一批应届毕业生，其中包括我的"徒弟"。未来除了完成手头上的工作外，我要考虑的已经不止是工作以及项目的问题了，还要关心"徒弟"的成长以及更主动的自我提升。

除了一如既往地努力和加油，我觉得任何的语言都不足以表达我此刻的决心。世联的发展只有更快，而我们也必须更快成长，只有这样才能"不辱使命"！世联，未来让我们"飞得更高"！

冬天，项目团队经历了整个地产的严冬，无数个工作日为成交量苦苦挣扎。当新年元旦忙完之后，销售团队的姑娘们都哭了，我也热泪盈眶。

3个心灵故事

王坤华

邂逅婚姻的小孩

5月的时候，光仔给了我个电话：华哥，我要结婚了！应该在今年10月，到时候你一定要抽时间回来啊！尽管之前已有同学大概透露了风声，但那一刻心里还是猛然空白一片，就像中学时代一直在想：中国之外是世界，地球之外是太阳系，太阳系之外是银河系，银河系之外是宇宙，那么宇宙之外呢……然后就是一阵对未知世界的茫然和恐慌。

"下个礼拜一经理和我要和你谈话，你知道为什么吗？"主策问我。

"关于成长？"我随口回答，问题来得有点突然，我来不及多想。

"还有呢？"她依然把每个问题问得很有逻辑。

"还有我的不足和未来的成长方向吧。"不知道是不是午觉没睡，我的头脑此刻不甚清醒，竟无法顺着她的思路抛出结论。

"领导准备让你当项目的主策，你要做好准备，具体的等下周一再跟你聊。"我顿时一愣，突然想起了光仔跟我说他要结婚那时候的感觉，茫然不知所措。

下班回来的路上，思绪聚焦在下午的谈话。入职后，我经历了项目所有的故事和策略轨迹，我总是感觉自己对项目是十分了解的，最近也希望能够尽可能多地独立去操作。但这一天真正到来的时候，我发现还是有些茫然，需要自己去探索和追寻。要开始实现角色转换了，这对我的视野、对项目理解的高度、与开发商的对接能力、与合作方沟通的情商、对项目执行的完美度、对突发事件的处理能力，都提出了更高的要求。

或许自己此刻真的羽翼未丰，但我绝对会以最大的努力去承担。

今晚，我像一个邂逅婚姻的小孩，我问自己：你准备好了吗？

当幸福来敲门

或许自己真的爱上了葵涌这个小镇。喜欢在春天的早晨爬到燕子岭上眺望刚苏醒的大鹏湾；喜欢在夏天的傍晚到鲨鱼涌海滩踏浪游泳，然后在海边餐厅美美吃上一顿大餐；喜欢在秋天的晚上静静地坐在售楼处的电脑前在网上和朋友说说话；更喜欢在冬日的午后，在小区公园旁的休闲椅上抽根烟尽情放松心情。在这里总感觉脚步比特区内慢了半拍，而心情也更容易安静下来。

闲来无事，点开同事储存的经典影片，看到了昨晚自己正下载的影片——《当幸福来敲门》。网友评价甚高，于是强迫自己静下心来看。或许是习惯了观看中国电影的思维，当主人公克里斯碰到生活挫折而且越来越艰难的时候，总想着片子是不是马上要开始转折，而当他碰到证券公司人力资源总监的时候，这种想法愈加强烈了。结局让我很是意外：主人公2个小时片长的努力和挣扎只是换得一个新的起点重新开始，影片只花了两行字轻描淡写他的成功。我彻底被震撼了，为的是主人公坚持不懈的追求，为的是西方人对于人生的态度。

下午人力资源公布了晋级名单，由于前期的不懈努力，加之地产形势大好，自己也跟许多人一样顺利晋级策划师。没有太多欢喜和激动，当然也因为前几日已从领导那里先行得到消息。

闭上眼睛的时候思想总是比较清晰。对于自己的前程和未来也有了更多的思考。入职1年多来，自己确实付出了许多努力，经历了许多艰难困苦，而这些我想只和《当幸福来敲门》影片中的主人公一样，一切过往的付出只是为自己博得了一个相对高的施展舞台，一个新的起点，而且一切才刚刚开始，未来的磨砺将更加残酷。

此时我已明白自己真正需要的是什么，自己的努力方向在哪里，更可幸的是自己依然愿意为此付出无限努力。当幸福来敲门的时候，我愿意用一颗理智的心来享受成功带来的喜悦，追逐更为卓越。前路漫漫，我依然会以不屈的斗志和前程为重的信念去践行我的未来。

等一个春天

还未进入3月，深圳已经渐入夏季，穿着西服上班都开始觉得有点闷了。每天上班下班都会走过红岭宾馆——那是我来深圳实习住的地方，想起了去年的很多事。记得去年也是这个时候，一个人背着行李第一次踏上深圳这片土地，感受着改革开放最前沿的城市速度，一片雄心壮志想在这片土地上成名立万。那时深圳的地产业也进入寒冬，但是大家都满怀希望，只要政府的政策一放开，地产业肯定立马迎来春天的复苏。在这个美好憧憬中，我开始了自己的地产职业生涯。时隔1年，地产行业经历了太多太多，楼市低迷、资金危机、破产传言，身边很多朋友选择了离开，或者主动，或者被动。而我很幸运地还能留下来，继续奋斗于自己的理想和追求。

那一年，我经历了太多太多。从一个学生向职业人的转变，从被承担到自己承担，突然觉得压力大了很多很多；从大学里一个最成熟的学生到职场中最嫩的新人，突然发现从零开始要做的实在太多太多。冬天，项目团队经历了整个地产的严冬，无数个工作日为成交量苦苦挣扎。当新年元旦忙完之后，销售团队的姑娘们都哭了，我也热泪盈眶。作为新人，我们经历了许多地产人都无法体会的艰辛。

特区的春天来得特别早，正如同事说的，项目在深圳的最东端迎来了最早的春天。我想这就是上天对于一批执著年轻人最好的回报。新一年里，要承担的东西越来越多，对自己成长的要求也越来越多，希望，这一年，都好！我依然在特区最东端，等一个更美的春天！

策划随想

黄凯

夜幕降临，吞没了整个城市的聒噪。难得在这样一个静夜里想想自己的工作历程。10年地产行业，7年世联情怀，突然发现自己也是满腹的心得与感慨。个人观点权作抛砖引玉。

心态

做学问，做研究要耐得住寂寞——工作亦如此。房地产策划人员在成长之初，会有一个快则两年，慢则三四年的煎熬期。在此期间个人不会有太高的收入，也难在业内有所建树。但是，这个阶段最重要是积累你的专业知识和人脉，静下心来真正沉淀属于自己的东西，经过两三年的磨炼后，才能有所成就，登上一个新台阶。

写作方法

房地产策划人写报告有三重境界。

第一重境界是入行之初，以"摹"为主。

"临摹"是策划人的基本功，但这里的模仿不是在电脑上简单的"复制"、"粘贴"，而是学习别人的格式、结构、思路和方法。

第二重境界是"写"。

在掌握了各种报告套路的前提下，大量地写自己原创的东西。这时要有"为人性僻耽佳句，语不惊人死不休"的执著，"吟安一个字，捻断数茎须"的用功，才能有好的作品问世。这期间最重要的是坚持个人独立思考，独立判断，不人云亦云。同时，记得策划表达的三个境界：一是把话说清楚；二是把清楚的话说简练；三是把说简练的话说出彩。

第三重境界是"改"。

当个人的水准达到更高层次时，要从专业型、技术型的策划人员向管理型的策划人员转型，从单兵作战到带领团队。比如以前你的职位是策划师或高级策划师，现在要成为策划总监，这时往往除非是一些大的项目要你亲自操刀外，平时应更多地把精力放在把控下属的策划报告，做一些修改、润色、拔高的工作。你所写的，一定要是"点睛之笔"。

工作习惯

房地产策划人最好能养成坚持做读书笔记和工作笔记的良好习惯。这样做的目的，一是积累知识；二是让自己能以点串线、以线带面，不断强化系统化的思考能力；三是在前两者基础上构建自己完整的知识体系，形成系统化的思考模式。

学习能力

一个优秀的房地产策划人才在看别人做的方案或报告时，不仅要能学习别人，还要能超越别人。要能领会他的思路，并且能比他走得更远，看得更高。

自己曾经做过的策划方案，隔段时间要拿出来"温故知新"。多去思考如下一些问题："这个报告今天重新写，会加进哪些新内容？""当时自己的判断通过今天的市场检验，正确与否？"

市场敏感性

优秀的策划师要对数字异常敏感。策划师的脑子里，时常要想着各种数据的动态组合。古人云：读万卷书不如行万里路，行万里路不如阅人无数。作为房地产的策划人，既要读万卷书，更要看"盘"无数。房地产策划做到了一定层次后，就是考验一个策划人的眼光和视野了。

勇敢的心

策划工作会遇到很多挫折和打击。你是否拥有摔倒后再爬起来，继续前进的信念和勇气？心里有阳光，才能无惧风雨！

感恩的心

一名优秀的策划要善于学习，往往师从多人，学习各家之长。在此感谢在我职业生涯中给过我教导和帮助的每位导师及同事，没有你们的指导和帮助，一路走来，我不会如此执着，如此顺利。谢谢你们，在路上，我会一直努力。

认真做对事，用心做好事

黎金荣

我在世联一路走来，有许多幸福快乐的时光，也有一些心酸痛苦的记忆。在世联做策划感触最深的就是企业文化，以及在工作中形成的思考方式。

以前在小公司里比较受老板的器重，工作几个月后就升为项目主策划师，自己都感觉飘飘然了。来到世联之后才发现，简直是个精英集中地，自己真的太渺小了。从项目主策到助理策划，从老板得意门生到无名小卒，说实话，一时间我的心理落差还是蛮大的，也曾经一段时间找不到方向，这也恰恰成了我融入世联团队的关键。走过了之后才发现，我心态最灰暗的日子，其实也是工作效率最低的时期。在这里，很感谢公司同事对我的鼓励及帮助，也很感谢灰暗时期自己所做的一番调整，让我渐渐找到了自己的方向。

可能很多人会有和我类似的感觉。特别是那些刚从名牌大学出来的毕业生，曾经是天之骄子，集千宠于一身，来到世联之后，竟然也要做这么基础、琐碎的工作，又很辛苦，很容易产生些想法及心理落差。有些人可能心态调整不过来，不适应现有的环境及压力，中途打退堂鼓了；有些人坚持住了，不管是心理上还是能力上都得到了很大的成长，这就是差别。因为很多时候，心态影响成败，坚持就是胜利。

我所在项目的开发商是上市大公司，早已形成了自己的推盘模式，并且对很多细节都要求比较严。操作这个项目，不仅很辛苦，甚至可以说痛苦。其实，服务于开发商的过程，也是自己能力提升的过程。尽管我也有很多抱怨的理由和逃脱的借口，但是我坚持了下来，也以自身的勤奋加专业赢得了发展商的尊重，自己也得到了很大程度上的成长。

在这里，我学了很多新的东西。其中最引以为傲的，应该算是对市场的了解吧。除了我做事比较认真外，我总结了一下体会比较深的几个方面，在此与大家分享。

第一，认真做事只能把事情做对，用心做事才能把事情做好

公司会对每个策划有市场监测的分工，每个项目也会对我们市场监测有不同的要求，如果把它当成一项作业来完成，上网查下数据，把表填完，周报就出来了。不能说做得不认真，只能说没有用心去做，这样也达不到市场研究的目的。只有用心去做，把市场的前前后后研究透彻，把竞争项目的动作了解清楚，才能够把事情做好。

第二，市场监测，信息渠道是关键

我熟悉市场的原因之一是经常去跑盘，每天都花很多时间做监测。其实，在佛山公司里我肯定不是跑盘最勤快的人，但我可能是对市场思考最多的人。由于时间有限，监测的项目比较多，掌握一定的方法及信息渠道，显得尤其重要。

第三，透过现象看本质，多思考，多总结

可能很多同事，在做市场监测的时候，只关注一些表面的东西，很少会思考事情之间的内部关系，这也需要长期的积累和思考。另外，很多同事会问，你对市场了解那么清楚，是怎么做到的？其实很简单，就是需要持续的观察，以及多做总结，多思考，这就是秘诀所在。

专业的力量

策划之道

彭文婷

老子的《道德经》有云："道可道，非常道，名可名，非常名。"这里说的"道"是自然法则，指事物发展的客观规律。策划工作需要抓住项目本身的"道"，透过呈现在眼前的千头万绪，找到最本质的源头。所谓"以道御术，内圣外王"，这里的"术"则是策划工作的系列流程与规范。通过日常工作的"道"来驾驭执行层面的"术"，策划人员要通过苦练内功来完善专业修养。只有内部完善起来，对外才能强大，才能在各项工作及市场竞争中立于不败之地。

知之尚需用之，思之犹应为之。作为世联的策划，我们常常以"做足功课而专业"来提醒自己，潜心研究每一位客户、每一个产品、每一项竞案的必要；作为房地产行业的从业人员，我们常常需要在瞬息万变的市场中，用坚实有力的步伐前进，以不变应万变的姿态从容应对风浪。

> 不久后的劳动节假期，就在大家摩拳擦掌准备继续大干一场的时候，"五一"当天却只成交一套！

这是一个片区乃至整个城市的标杆项目，项目团队每个成员，无论是策划还是销售，都为之付出了百分之百的辛勤与汗水。4月中旬，恰逢项目首次推盘之际，国家调控政策应声而至。市场冷淡、客户观望、业界犹疑……种种不利因素如阴霾般笼罩于项目组所有成员的心头。在任务依旧艰巨的前提下，如何在突如其来的宏观调控中杀出一条血路，是摆在每个人面前必须破解的难题。

面对进线来访明显减少、客户对项目价格表示抗拒的情况，公司领导与项目组明确了无论如何都要保证开盘热销的大原则。销售、策划两部门通力协作，反复考察，完善推广事宜和开盘方案。开盘前一周，项目组成员连续3天在案场加班至凌晨。时间在不知疲倦的激情中悄然消逝。开盘当天，项目果然交出了一份逆市热销的满意答卷！

然而，生活不会永远一帆风顺。不久后的劳动节假期，就在大家摩拳擦掌准备继续大干一场的时候，"五一"当天却只成交一套！当晚，项目组全体成员联合开发商，共同分析近阶段推广工作，把近期每一个到访及进线客户进行深层次诊断，找出真正的诚意客户和他们的抗拒所在，采取针对性化解措施。第二天，在现场活动热烈气氛的烘托下，团队成员共同努力，超额完成任务，获得开发商的肯定与赞誉。

类似的例子还有很多，但惟一不变的，是项目团队每位成员对工作的高度责任感与执行力。大势不好？那我们就深修内功！任务艰巨？那我们就一步一个脚印地分解完成！客户观望？那我们就主动出击，精准推

广、线下传播！没有淡市下的滞销项目，只有依然笑傲的成功团队！

　　什么是幸福？幸福就是不断完善自己，成就他人。比起工作本身，我们更在意的，是从工作中得到成就和快乐。路漫漫其修远兮，吾将上下而求索。从错综复杂中获取本质，在艰涩苦痛里领悟真理，本着坚守专业的执著，我们将一如既往地创造一份精彩，铸就一段传奇！

7年老盘的起势

肖健强

　　这个项目从开发至今已有7个年头，曾经是当地最牛的项目，双河景欧洲小镇设计，酒店、商业街、双语幼儿园等超前配套，但是经过时间的洗礼，现在项目已沉寂在过去辉煌的光环下。

　　我们项目组接手后，深知任务的艰巨。经历7年的时间，如何让其重新回到市场上，重新被客户接受？项目组首要的工作是对市场进行调查研究，调查项目周边区域的市场，寻找区域竞争对手，找出项目最大核心优势。

我们项目组接手后，深知任务的艰巨。经历7年的时间，如何让其重新回到市场上，重新被客户接受？

在对市场充分调查研究后，项目组组织策划人员及销售人员进行了业主访谈，利用访谈在短时间里接触业主，了解客户成交原因，挖掘客户再购及老带新情况。通过访谈、问卷、聊天等形式，项目组很快掌握到一些资料。

面对种种问题、种种局限，项目组需要让一个7年的老盘重新焕发魅力，难度十分大。因为项目剩余货量不多，推广费用受限，也因为淡市下，很多手段已经不会立竿见影。故项目组不断思考，低成本前提下，如何实现7年老盘起势？项目组认为：

1.必须更新项目形象，通过新形象，重新让市场关注该项目。因为原有形象使用时间太长，市场已经对此产生视觉疲劳，更新形象，是重新吸引关注的第一步。

2.选取部分线上推广渠道，告知市场项目最新动态。使用电视、报纸等媒体，在短时间告知市场"我"在做什么。

3.以已经购房的客户作为渠道，推出老带新优惠及措施，提高旧业主介绍新客户的比例，扩大小圈子范围内的口碑传播。老客户因为接受项目，所以才会购买，故利用认同项目的人来向其身边朋友宣传项目，能达到广告所不能达到的作用，而且成本十分低。

4.利用事件营销，制造新闻点，让项目受到更多的市场关注。

老盘起势是营销人常遇到的问题，不同项目需要解决的问题不同，营销人员需要运用各种工具，具体问题具体分析。

第二篇　思路决定出路，策划步步为营

一切从盘客开始

刘勇

项目一期于2008年12月入市，由于地处不被当地人认可的区域，前期一直销售不振，量价均得不到提升。2009年6月世联进场，通过项目价值挖掘、客户精准定位、形象重新包装等一系列手段整合，使项目实现了高溢价和高销量。2010年3月，项目又推出高层产品，销售率高达八成。

正值销售如火如荼之际，国家连连出台新政，宏观调控组合拳快、准、狠，项目销售变得相对艰难。面对外地客户的突然消失，非刚需客户的一再犹豫，投资客户的观望、观望、再观望，项目组也表现出了焦急和彷徨。客户量变少，成交越来越难，怎么办？

面对这样的局势，项目团队没有退缩。他们积极地分享淡市营销经验，从深入客户分析、精准推广、活动旺场、销售力提升等方面综合发力，迅速反应，使项目保持了良好的持续销售业绩。

一切从盘客开始。

有人说过，"不管什么时候，抓住客户和市场就不会错。"目前客户出了什么问题？为什么不成交？在犹豫什么？成交了的是什么原因？看中了我们什么？这些都是要首先搞清楚的问题。于是，项目组扎扎实实地做起了客户来访和成交过程还原的工作，并对每位客户进行动态跟踪，由项目经理、营销总监及策划团队进行共同诊断，通过对每天的成交及来访客户的情况分析，非常迅速地把握了客户的真实情况。

在来访的未成交客户中，主要存在三种情况：一是觉得市场政策不稳，担心跌价，要观望；二是对价格有抗性，还要对比其他楼盘；三是对

> 目前客户出了什么问题？为什么不成交？在犹豫什么？成交了的是什么原因？看中了我们什么？这些都是要首先搞清楚的问题。

区域有抗性，觉得本项目所处位置不值目前的价格。

而成交的客户中，则存在这些共性：销售人员传递项目价值点到位，并得到客户的认可；销售人员对市场分析透彻专业，帮助客户树立了信心。

问题清楚了，迅速反应才是制胜关键。于是项目组迅速采取了以下主要措施：

1.精准营销，增加来访

项目组通过对前期成交客户进行梳理分析，绘制了成交客户地图，重点对这些区域进行了多频次的直投、夹报、派单推广；对项目前期的来访来电客户进行了CALL客，每天确保CALL客量和电转访率。通过以上一系列手段，较好地提高了来访量，为完成每周成交任务打下了基础。

2.加强客户维系，确保现场人气和氛围

项目组在每周末都组织了大量的业主和客户维系活动。如公园体验日，邀请业主、客户到公园参加游乐活动，举办公园摄影大赛等等，很好地起到了周末旺场作用，有力地促进了销售成交。

3.综合发力，提升销售力

项目组提出了"严格执行销售标准流程"的号召。要求销售人员珍

惜每一批到访客户，销售流线每一处节点都讲解充分，项目价值点传递到位；不管客户诚意度如何，都热情细致地接待，深入交谈了解客户情况和真实需求。项目组还开展了"销售人员自我提升计划"，加强专业知识培训，提高了销售代表的专业素质和修养，使他们能更好地向客户展示专业，深化与客户的交流，获得客户的信任与认同。

通过以上一系列措施，项目团队沉着应对，迅速反应，快速地从新政的阴影中走了出来，保持了良好的持续销售业绩，赢得了战争的阶段性胜利。

写在最后: 战争远未结束，坚持专业，一路向前

其实，这个项目并没有特别的创新之处，我们能在逆市中走得这么淡然、自信，关键还是坚持了专业，积极地进行了反应和行动。然而战争还远未结束，这注定将是一场持久战。不管前路还有怎样的困难与挫折，我们将一如既往，坚持专业，一路向前……

> "没有团队，我很可能坚持不下来，团队的每一个人或许也是因为同伴的坚持而坚持着。世联'因团队而强大'，亲身经历才能理解这句话的真实内涵。"
>
> —— 世联地产华北区域2010年度优秀员工奖获得者 陈茹

> 由于我们推广起步早，3月至4月15日新政之前，我们取得了骄傲的战果，将可能受影响的项目产品全部卖完了。

冷场变旺场的力量

蒋永刚

我们服务的一个发展商，私下交流开玩笑时总是说，你们世联策划只相当于一个执行者，都是我们发展商在思考，是我们在主导和把控营销。

但是，事实是这样吗？

2010年2月7日，新年后正式上班，2月10日到项目现场。据了解，周边其他项目春节期间都有客户上门以及成交，而我们项目现场一片冷清，春节无成交，上门客户就一两批，我们很不服气，要展现出自己的价值，可是"巧妇难为无米之炊"，首先要说服发展商增加推广的投入。

作为代理商的我们该怎么办？我们必须找到强有力的依据。在项目组不断的沟通探讨、集思广益下，我们找到了强有力的依据：

"关内客户来龙岗看房，这个价格他们能承受，现场旺的才会觉得这房子卖得好。"

"3月往往是地产市场的'小阳春'，我们要抓住这次机会，推广领先于竞争对手，俗语说'早起的鸟儿有虫吃'。"

……

于是我们在2月中旬，重新梳理项目价值点，增强销售代表培训，提出了一系列推广方式，包括分展场、短信、派单等。所谓"万事俱备，只欠同意"。

沟通、沟通、再沟通，发展商终于同意了。于是，我们雷厉风行，马上展开执行。

由于我们推广起步早，3月至4月15日新政之前，我们取得了骄傲的战果，将可能受影响的项目产品全部卖完了。

做足功课,逆市前行

肖健强

2010年是房地产不平凡的一年,地王、新政、调控等字眼在各大媒体及同行间轮席登场,新政、调控成为全国关注"焦点"。当别人还在懊恼,当其他同行还在试探、猜测市场的时候,我们项目组已经在做功课。

2010年元旦,受政策调控及相关传言影响,全国房地产市场急转直下。中山各项目上门量每况愈下,项目前期累计的客户也在短短20天内被市场"蒸发"了一大半。此时,离开盘日期只剩下4天时间,情况十分严峻。基于这样的背景,项目组没有想到退缩、放弃,反而更加坚定地相信,世联人所操作的项目肯定比其他项目卖得更火。当天项目组成员通过开会讨论,制定了一系列的措施。

1. 项目经理负责摸查客户意向度,保证每个意向客户都不会无故流失。

2. 策划组成员兵分三路:第一路人员负责跑盘、收集市场及竞争对手数据;第二路人员负责推动、跟进发展商的展示、活动、物料等工作,务必保证完成时间往前提,完成质量往高走;第三路人员负责统筹整个开盘活动,务必保证万无一失。

在这4天时间里,项目组成员几乎每天凌晨1点多才离开,不停地商讨对策及市场发展情况。由于大家的辛勤付出,项目开盘十分成功,推出的单位短时间售罄，成交价格还高出区域均价不少。

2010年4月15日，国家出台颁布新政"首次置业90平方米以上，首付不低于3成，利率不低于0.85；二次置业首付不低于5成，利率不低于1.1；增加土地供给、加大保障房供给"等政策。

由于新政出台，市场上大部分客户受政策影响，无法买房。同时，受天气影响，项目部分景观和样板房的施工无法按计划完工。基于"内忧外患"状况，项目组马上与开发商商讨对策。

4月21日，多套房购买政策、外地客户购买细则相继公布，银行执行国家政策力度之强、行动之迅速，前所未有。中山客户观望情绪越发严重、部分楼盘开始降价拉客，而大批客户的流失更是对项目组最严重的打击。

但项目组成员仍然没有放弃。因为他们知道其实整个市场的情况都一样。在这样的环境下，只有不断努力、不断调整策略才有转机。于是项目成员专门针对剩余客户进行量身定做方案，对客户反复地研究、让销售人员反复地跟进客户，务必保证成交率。

4月23日，我们不论在成交套数还是成交均价上都大大超过竞争对手，这就是世联的价值，也是世联人做足功课而取得的成绩。

在世联有句名言："因做足功课而专业，因团队而强大。"在中山，世联的各项目组于淡市下，都不断地去做足功课。世联人深知淡市营销没有灵丹妙药，没有一劳永逸，只有踏踏实实、一步一脚印地去把功课做足，才能在逆市中跑赢市场、跑赢同行。

> "我觉得货量不足啊，目前小一点的房源就没有，来了客户也没有办法引导，其实客户还是存在这方面需求的。"

完善细节，无往不胜

徐坚

背景：

这个项目临近地铁，雄踞70万平方米宏阔规模，是二环内性价比最高的楼盘，具有得天独厚的优势。与此同时，随着新政的推出，购房者纷纷开始踌躇，观望情绪越发浓厚。如何在淡市创造辉煌业绩，成了当前不可回避的问题。

实现目标的限制条件（销售语录）：

——"老客户对价格很敏感，今天听到我报价的时候当时一愣，然后还是要我算了套房子给他，折后仍然超过预期，他起身走了。"

——"客户今天来了听说价格后，开始其实反应还好，但是等到了12日到售楼现场一看，没进

营销中心就走了。"

关于在售产品（销售语录）：

——"现在的房源太单一了，比如三房就只有140平方米的，不好引导。"

——"我觉得货量不足啊，目前小一点的房源就没有，来了客户也没有办法引导，其实客户还是存在这方面需求的。"

——"目前手上的客户还是有的，主要集中在1号楼的118、136平方米的，另外就是9号楼的80平方米左右的也有。"

——"今天我接了3批客户，全部都是要118平方米的，但是没有房型。"

关键问题：房源单一和货源不充足。

主要指向：盘点目前销售代表手上客源，主要集中在9号楼和1号楼剩余单元上。

项目出现了来访客户急剧下滑、销售代表无客可接的问题。世联团队及时调整心态，对局势做了分析后迅速制订作战计划。

首先是加大了推广力度。

关于报广：极力宣扬楼盘的资源稀缺性。

关于派单：持续加大派单量，不仅仅局限于楼盘附近的客户，开始向徐东扩散，以此来增加客户来访量。

关于短信：在现有20万基础上增加20万，大范围的短信覆盖，提升感知度。

关于CALL客：在世联自有客户资源的基础上，对过往上门、进线的客户也进行持续CALL客，不忽略每一个潜在客户。

其次在人员安排上进行调整。安排销售代表在本阶段全力冲刺并完成任务，结合目前的月度目标为每个销售代表制定任务，通过考核等形式促进销售目标的完成。

策划方面：整理了很多在新政中针对客户关注点的说辞，力求全面，万无一失。

对于案场：频繁地举办暖场活动，确保现场人气和氛围，给销售团队提供良好的工作气氛。

通过以上措施，项目顺利地实现了周周有单开，周周有成交的目的。

回顾过往的点点滴滴，才发现其实淡市并不可怕，可怕的是团队面对淡市的消极心态，以及面对淡市时的自乱阵脚。淡市营销或许并不需要新的出彩方案或是更高手段，需要的是完善每一个细微的环节，更加深入地挖掘已有渠道。每一步都做到位了，成交自然会来。

"加入世联已是第6个年头，繁忙而快乐！作为一名职能人员，我们的价值体现在，通过贴近一线，及时了解业务状况，迅速反应，给业务部门强有力的支撑，为前线迅速解决问题。大家目标一致，相互支持，更好协作。2011，将以新起点、新层次、新姿态，创造新的成绩！"

—— 世联地产华南区域2010年度金牛奖获得者　唐明

他当时就瞪大了眼睛，万万没想到他们开始拍卖该地块之前，世联已经着手准备该地块研判报告。

市场PK，赢在专业

金先国

广东有个千年名城中山，这里的房地产市场从来都没有引起全国性的市场关注；但这个温而不火的市场因为几个重大利好，珠江西岸的崛起正酝酿着前所未有的历史机遇。

其实中山市场从来都不缺乏明星，全国知名品牌企业早已纷纷进入中山市场，争夺这块宝地。除了知名开发商展开激烈的角逐之外，众多知名代理商之间也已开始争夺市场份额。

土地拍卖现场的一份报告

还记得那次中山开发区的一块千亩地块将进行拍卖，竞投最低价为18亿元，拍卖条件为至少要交保证金3.6亿元，竞买资格为竞买人及控股公司总注册资本不低于人民币20亿元，并且必须具备二级以上房地产开发资质，2007～2009年连续三年累计已竣工验收住宅项目建筑面积不小于100万平方米。

世联领导们分析了这次土地拍卖的所有条件之后，最后得出结论：这次地块的得主肯定是有影响力、有实力、对专业分工有高度认知的专业化开发商，未来找代理公司进行代理销售服务的可能性很大。而另一方面，这幅地块位于中山城市发展的轨迹上，有科技产业支撑，未来将处于

　　轻轨及中深大桥的辐射范围，将成为城区具有影响力的大盘。

　　　　对于这次千载难逢的机遇，世联决定主动出击，撰写一份地块研判报告。在报告的撰写过程中，项目组遇到很多困难，但大家毫不气馁，多次与领导开会讨论，经常工作到深夜。报告前前后后修改多次，每一次都颠覆思路，寻找最适合该地块的定位思路。最终在地块拍卖日前一天，所有报告撰写完成。市场部把报告打印成精致的小册子，总共有150多页，这份报告寄托了大家对这块地的所有希望。一切就绪，只欠东风了。

我们早早地来到国土局土地拍卖现场，等待这块地主人的诞生。其他几家知名代理商也都到了现场，有的还是公司老总亲自挂帅，专程到此等待拍卖结果。他们也都非常看好这块地，也想做这个项目，所以到这里等待最终赢家，望能早日接触，但并没有准备其他任何东西。

下午4点钟，结果终于出来了，最终的赢家以19亿的总价拿下这块"宝地"。获胜开发商的负责人马上被记者层层包围，世联工作人员奋力挤进众多记者包围圈，把精致的地块研判报告交给该负责人，简单地说几句："我们是世联地产的，这是该地块研判报告，希望有机会合作！"他当时就瞪大了眼睛，万万没想到他们开始拍卖该地块之前，世联已经着手准备该地块研判报告。两天后开发商回复世联说，非常感谢为他们准备的这么专业、及时的地块研判报告。

其实开发商拿下这块地之后，因该地块规模太大，多少还是会有些感到压力；世联的地块研判报告给他们提供了很多分析判断的资讯。

在这次地块拍卖中，世联以自己的勤劳、专业征服开发商，建立了长期合作关系，为其首次进驻中山市场提供了最专业的服务。

"五一"市场报告

"4·15"新政的发布给全国楼市带来一股寒流，中山市场也未能幸免。新政后，中山市场正式宣布进入淡市，所有客户进入观望期。

面对这样的淡市，开发商其实是最着急的。世联作为专业的房地产代理公司，有义务把市场真实的情况传递给我们的开发商。"五一"是新政发布后的第一个较大节点，也是观察市场动静的最佳时机。我们要及时检测竞争对手利用这个节点做出什么样的动作，客户在这个节点心态会发生什么样的变化。所以"五一"期间的市场工作变得尤其重要、关键。

我们对"五一"市场工作提前做好分工，把任务分配到每个世联代理的项目，提前做好标准的市场调研模板。5月3日，中山世联代理的所有项目，都及时把自己监测的数据汇总。我们对每个项目提交的数据及时整合并加以分析，在5月3日晚上12点之前发给所有代理项目，由于市场报告传递的及时，为各项目后来的运营安排起到了很大的作用。

开发商管理层对这次"五一"市场情况非常关注，当天晚上在办公室一直等"五一"市场报告的出炉。在世联做市场报告的同时，其他竞争对手也准备了各自的市场报告，但世联足足提前了6个多小时。开发商看到世联做的市场报告后便没再等其他的报告。

在这次"五一"市场报告PK中，世联又打了一场漂亮的胜仗！

"到了世联以后，我发现我确实'找到'了很多，找到了我渴望已久的'平台'，找到了我渴望已久的'合作、平等'的企业文化和氛围，也找到了我一直很欣赏的一种企业精神——'分享和团队精神'。我想：我真的找到了组织！"

—— 世联地产华南区域2010年度技术新星奖获得者 资义红

人在项目中

签约主力店临时改变之后

蒋公正

适逢"4·15"房产新政发布，我们的项目在开盘后出现明显的上门、进线数量下滑现象，成交难度逐渐增大，销售压力较大。面对这样的市场变化，项目组及时做出调整，在得到公司领导的支持与建议之后，决定将商铺产品提前销售。

主力店签约临时改变

项目地处片区门户位置，地理位置十分优越。很多客户对项目的商铺非常看好，并一直关注，其中有一个7460平方米的大型主力店，之前基本确定签约商家。6月，开发商与该商家的合作突然出现变化，这一情况打乱了我们事先的整体安排，而且当时从销售人员反馈的信息得知，之前累积的客户普遍心理价格很低。这让我们心里更没底了，不知道这个变化对客户心理预期会造成多大的影响。于是，我们进一步说服开发商，通

过阐述主力店对商铺
销售的影响，让开发
商最终同意引进主力
店，但引进时间会晚
一点。

营销动作

商务推广：对所
有户外、围挡板、现场展示进行更换，全力做好商铺信息的发布，加强报
纸推广和派单。一周之后我们对推广效果进行详细的分析，锁定对项目最
感兴趣的本地客户，相应改变推广方式，目标更加集中。

销售人员培训：项目组加强对销售人员的培训工作，详细介绍了项
目的整体开发思路及布局情况，讲授商铺投资的基本知识，从客户的角度
理解商铺销售技巧。项目经理每天晚上还对所有销售人员的工作进行一对
一盘点总结。

客户升级：由于客户对价格的心理预期普遍较低，项目组决定对预
定客户提供升级服务，升级后便可享受优先选铺的待遇，最后有近半数客
户参加了升级。

开盘销售情况

通过这一系列的动作，到6月15日开盘时，开盘销售率近7成，抢购场
面异常火爆，实现了商铺预期销售目标。在这一个月的商铺销售过程中，
大家齐心协力，克服种种困难，最终交出了商铺劲销的满意答卷，大家都
为自己努力取得的成绩感到骄傲。

驻场策划的"五部经"

邹玉益

进世联之前，我做的是三四线城市驻场策划工作。经过一段时间的驻外经历，对驻外工作和生活都有了自己的认识和感受。驻外可以零距离接触和了解客户，对客户的属性和需求有更深刻的认识；驻外每天都避免不了与开发商见面，沟通可以更及时更方便；驻外可以准确把握市场竞争情况，准确地做出市场推销定价决策……

驻场生活虽然比在公司办公灵活，但也主要是两点一线的生活方式，售楼部和宿舍就是两个终点。白天，售楼部是我的主战场，我的所有工作都集中在营销中心，各种方案的撰写、客户的访谈、销售人员的访谈等；晚上，陪同销售人员值班到8:30左右，才回到休息的场所。在宿舍，除了睡觉也没有其他的娱乐，因为我们跟开发商同住一栋宿舍，有规定的作息时间，晚上9点准时关闭宿舍大门。

工作之余，我的更多时间是与销售人员聊天、听音乐和广播。虽然生活并不是很丰富，但是很有规律，可以让我养成良好的生活作息习惯，有更多的时间与开发商人员以及我们的销售代表交流。开发商为我们提供免费三餐，伙食不错，注重营养的搭配和口味的变换。夏季经常可以吃到西瓜等水果，这是其他项目驻场人员享受不到的待遇。

在我的驻外经验中，我将驻外工作主要分为五大部分。

第一部分，与开发商的交流与沟通。

与开发商的良好沟通是一门艺术，特别是对驻外人员而言。我们每天都要与开发商见面，每天的工作都在他们的眼底下，如何与开发商保持良好的关系尤为重要。我们的开发商一共有5个投资商，他们都是我们的老总。虽然他们有不同的分工，由于我们都是他们的前线战士，领导指导和关心战士就不可避免。建立良好的沟通

关系，可以及时解决策划销售工作的一些困难，促使项目工作及时推进。

第二部分，与广告公司的对接。

广告公司和代理公司的工作都是为项目服务，二者的良好沟通与配合是项目顺利推进的基础。由于是异地项目，广告公司没有驻场人员，每个月开会碰面的时间也有限，基本上所有的对接工作都限于电话和QQ沟通。这就大大地降低了工作效率。有时一个设计或是文案问题都要经过多个来回才能初步确定，等到提交开发商时，又得动些手术。所以驻外项目广告工作应当具备前瞻性，以避免多次修改而造成推广工作的延迟或是无效的加班加点。

第三部分，与媒体及活动公司的对接。

在决定了投放媒体后，我们会在同类媒体中进行选择和权衡，提出代理方的意见和建议，引导和促使开发商作出最终决定。在三四线城市的驻场过程中你会发现，地方主流媒体会在项目的前期主动上门进行业务联系，提前为他们的广告资源做推荐宣传。这样驻场策划经常要接待各种媒

体业务人员，针对项目情况和市场实践，选择适应市场、适合项目的推广方式是驻场策划的基本职能。选择合适的媒体既能为开发商节约广告投入，也可为项目销售做好有效的宣传铺垫。

第四部分，市场监控。

市场是策划的基础和依据，没有市场实践就很难确定正确的决策方向。驻场策划可以及时有效地把握市场动态，对整体市场和区域市场有更多的了解。如果你不是一线策划人员，那么市场数据就主要依靠销售人员或者网络得来，然而驻场策划应该能够亲自到各个项目现场了解最新的市场变化和销售动态，结合自己的判断和分析得出正确的市场结论，指导策划工作的推进。

第五部分，与客户及销售人员的交流。

销售人员每天接待客户，他们对客户的情况了解最为清楚。在项目现场，我们可以采取多种途径深入了解客户的情况。旁听是我经常选择的一种方式，这样既能了解客户所关注的问题，也能从销售人员的讲解过程中发现讲解说辞的不足以及销售人员对客户的把握能力。其次，对销售人员进行访谈，了解所有客户的信息。不过这种情况下，销售人员很难保证对客户情况的描述非常详尽。另外，与客户直接对话，我们可以根据自己所要了解的客户情况，进行针对性的访谈，了解我们所需要的重要信息，这有助于我们对项目推销节奏的把握和价格的预判。

总之，我喜欢三四线城市的市场环境，我喜欢驻场策划的工作与生活。在这里我可以近距离地感知客户，为项目做出正确的决策；在这里我可以及时地与开发商进行沟通，保证项目工作的顺利推进；在这里我与销售人员团结一心，为项目下半年的销售目标而奋斗。

相信信任的力量

赵诣峰

面对比2008年更严峻的市场形势、更高的销售任务，项目组经过徘徊后厚积薄发，最终完成开发商认为基本不可能完成的任务，成为2010年上半年销售冠军！如果要找我们能完成目标的原因，其实就是相信信任的力量。开发商信任世联，领导信任项目组，项目组信任我们能完成目标！

"4·15"新政后，距离上半年的销售目标还差不少，市场成交量却迅速下降至原来的一半，上门量锐减。客户观望气氛浓厚，项目周成交量急转直下。公司领导带领策划人员迅速反应，不断给项目组打气鼓励，策划整理各项新政下的说辞，调整项目策略，加强培训。但是受市场大势的影响，4月份未完成既定签约目标。

领导带领策划对五六月份推销计划及签约目标及时调整，不断给予销售人员激励，解决销售人员对新政的心理障碍。她经常跟销售人员说，信任自己的能力，信任团队的能力，信任开发商的各项支持，信任我们一定能完成目标！

因为4月份未完成目标，所以5月份成为非常重要的时期，5月份目标完成与否直接关系到上半年目标的实现。策划们积极施行各项促进销售的措施，确保上门量及现场的人气。销售人员的潜力也被激发出来，在经理的带领下，大家斗志昂扬，奋勇上阵，5月份的业绩十分突出。

　　6月份的市场形势比5月份更加严峻，开发商都觉得上半年的目标很难实现了，但世联说：相信信任的力量。策划团队与销售团队紧密配合，中间的汗水与泪水只有我们自己知道。但是我们的目标是一致的，一定能完成目标！策划与销售每天加班加点似乎已经成为一种习惯，但是大家的心情非常愉悦，因为一路都有团队的精诚合作。最后，别墅产品开盘后逆市劲销，这让其他别墅楼盘的开发商羡慕不已。

　　在6月30日早上，距离总目标还差一点。项目组所有人全情投入，开发商市场部总经理带头，项目经理及销售人员全程陪同，审合同、沟通各项细节。经过7小时的努力，我们终于成功完成上半年的签约目标！

　　"鲜花永远在前方，我们永远在路上。"成绩已成为过去，下半年我们将继续努力。相信信任的力量，我们一定能披荆斩棘，完成任务！

找到突破的上上策

张首弘

俗话说"得江山易，守江山难"，项目经历了2008年深圳销售十强和2009年深圳销售冠军的辉煌期，在面对2010年的新政调控时出现了连续几周的低成交，面对项目剩余的以大户型为主的产品，该如何突破困境？

公司领导说："项目是公司在龙岗的一面旗帜，不能倒！"

部门领导说："我们几度创造市场的辉煌，在2008年的淡市下也取得过胜利，这一次怎么可以失败？"

项目团队说："别无选择，这一战不为别的，争的就是一口气，证明项目团队就是常胜将军，世联人不会输。"

我说："自古华山一条路，这条路就是胜！"

在2010年4月15日新政后的冷淡市场下，要重启项目的旺销势头，我

们该怎么办？

——降价？后患无穷，下下策。

——如何"不战而屈人之兵"？这是项目突破的上上策。

项目组将目光集中在项目最后一栋小户型。推销策略是：以最后一栋小户型作为宣传重点对外释放，在项目热销时迅速将畅销产品转接大户型营销，引导后续大户型的消化。

策略制定后，决定两个星期后实施，时间紧迫。项目组全力开工，投入纷繁复杂的筹备工作中。推售前共集中组织三次通宵盘客，让每一个客户需求尽在掌握之中。7月14日，在推售前夕，面对多变的市场，项目组临时决定以市场非主流方式进行推销——"集中加散卖"，先以大客户为重点推售，保证销量，其他客户作为第二批消化。

紧密的筹备和紧跟市场的策略调整奠定了项目成功的基础。最终，项目当周成交率达到73%，完美超越预期目标。

胜利到来的这一刻，项目组人都很兴奋，而我，脑海里闪过了这样几个景象：

资深策划师——因长时间扎在项目上，推售结束后，她1岁的孩子已经不认得母亲的面孔；

策划师——连续两星期没时间和男朋友见面，男朋友由最初的抗议，到最后的无奈支持；

项目经理——老婆把钥匙落在家，只好亲自到项目现场找丈夫拿钥匙，又无奈地一个人走了，后来说：幸亏没等你，否则今晚就要住在外面了。

……

我知道每个项目都会有这样或那样的动人画面，其实所有世联人都一样，为了实现项目的最大价值，而一直奋发着。"为工作注入生命的意义"，世联人时刻实践中。

一场没有硝烟的守城大战

黎超恒

2010年4月15日，调整政策出台。与之前的"9·27"调控、"10·22"调控不同的是，本次"4·15"调控的目的性非常强，政府表明了非常坚定的决心。4月后，中山商品房成交量一直处于下跌状态，6月成交面积已低于1月的40%，处于全年最低值，市场开始疲软。

此时，我们的项目已经连续2个月没有完成签约目标。6月，开发商也面临年中目标的考核，项目亮起"红灯"。雪上加霜的是，竞争对手也在旁边虎视眈眈，一场"守城大战"拉开了序幕。

开战前，先搞清楚一件事情——我们到底有多少"弹药"？

看看"弹药包"——盘点货量后，除了洋房组团有新推单位之外，

半山别墅区已经是尾盘阶段，新别墅由于8月底才能做好展示区，所以之前一直尚未推售。这些都不能保证较快的消化速度。6月要完成任务，只有一条路，提前推出新区顶级别墅。

没有客户积累、没有推广、没有展示，时间紧迫。作为项目顶端的别墅产品居然没有以最好的姿态亮相舞台，作为主策的我深感遗憾。但我更明白一个道理，目前，团队面临的是生存问题，没有了生存，有什么资格谈最美的舞姿？

于是，我们做好一切准备，迎接"集结号"的发令。6月26日，新区别墅推售行动正式启动。这一天，整个营销中心忙碌了一整天，但没有成交。从来没有出现过这样的情况，难道这次，我们的"城堡"真的要"失守"了吗？在行动启动前一周，已经预约开放工地，我们也一再盘点客户的诚意度。该做的、能做的都做了，为什么会是这个结果？

下午5点半，我们和开发商共同召开紧急会议，没有人能说清到底为什么，好几个诚意度较高的客户不是以资金出了问题，就是找其他借口不愿前来。究其原因就在于别墅客户的决策周期一般较长，而淡市又再次拉长了这个周期。至此，也许大家都觉得，6月份完成任务可能性不大了。开发商老总说话了："超恒，不要压力那么大，只要尽力了，目标完成不了也没什么。"那一刻，我的眼泪开始在眼眶里打转，但我没有让它掉下来……

团队努力了那么久，那么用心，没有理由不相信大家。我还是相信大家前几天反馈的客户情况，只是时间问题而已。也不知道哪来的勇气，我说："虽然，今天没有成交，我还是很有信心能完成任务！"因为，我们始终相信，我们这个团队还能制造奇迹。相信信任的力量，我们还有时间。

接下来的4天，每天都过得像回到了2008年冲目标的情景。所有的顾虑，所有的疲惫都消失得无影无踪。大家拧成一股绳，开发商在"守城"，世联也在"守城"，整个团队凝聚成一股无形的力量。

好像看得见，硝烟四起，好像听得见，大家都在呐喊，抱着"保家卫国"的精神，守护我们这座城堡。终于，2010年6月最后一天，任务顺利完成……

我们要感谢的是自己，因为我们始终没有放弃，还相信奇迹，还相信信任的力量。

服务大企业要有大智慧

陈杨君

加入世联后我成为公司非常普通的一名策划助理，碰到的第一个项目的开发商就是以要求严格著称的业内名企。当时项目已经开盘，并实现了开盘火爆热销。

STORY 1 "帖子"的故事

11月上旬，正值项目开盘后热销的时期，周一例会上开发商表示：在世联同事的努力下，项目网站点击率从最后几名一跃成为第一名，并大幅

> 甲方的信任能做到事半功倍：得到信任后不但能有利于我们营销思路的落实，更能在与其他合作单位的沟通中占据主动。

领先第二名，值得肯定。但有一个帖子是怎么回事？

原来，我们在项目网站上会有一些发帖和跟帖，有一条信息没有经过开发商确认。在我方解释后，开发商表示理解，但希望以后不再出现。

心得：开发商是十分重视社会形象的上市公司，我们所有发布的信息都要通过对方公司确认，我们实施方案和发布信息时也一定要确保通过本公司法务审核，如果情况特殊，须第一时间主动反馈并作调整。

STORY 2 第一次通宵加班

当时主策在深圳培训，我白天在案场驻场和派单，下午5点接到电话到开发商那里开会，要求第二天早上提交一个报告，同时还有其他若干事宜。开会结束已是8:30，我回公司通宵完成了所有任务。

心得：

1.这是一个很雷厉风行、有战斗力的开发商，非常强调执行力。

2.工作任务时间短、要求高、难度大，我们必须第一时间详细沟通，清楚标准和完成时间，达成一致后，迅速完成。

3.如果任务完成期较长，要及时反馈过程和方向，保证信息双向透明。

4.如果要求很高，应该向公司领导汇报后实施，决不能应付，要保证世联的出品品质。

STORY 3 我们是一个TEAM

12月，写2010年推广策略，通过公司平台获得详细数据。

12月，项目被要求提交大平层研究，通过公司其他主策获得相关信息。

12月，在按产品线作市场分析的时候，需要全市的项目资料，数据组倾囊相送。

心得：

1. 团队的力量：服务这样的开发商，要树立团队作战、协作制胜的理念，相互理解和支持，切忌单打独斗，互不往来。

2. 树立整合思维：平时留心资源分布，关键时刻实现各种资源快速整合，通过开发商的合作资源也能获得不少支持。

3. 三个团队：项目组内部销售策划为第一个团队，开发商整个项目组为第二个团队，武汉世联为大团队。

STORY 4 试着去做朋友

1月，项目新专案到岗。新专案到岗后第二天，开发商相关工作人员向我索取项目资料。我在发主要的报告和方案的同时，还发了大量的项目组日常文件给他，并配以详细的文字说明，如广告公司任务单、会议纪要等，同时向他介绍了项目组的工作分工、流程以及目前项目的一些情况。这些对他起到了较大帮助，也为以后的工作沟通作了重要铺垫。

心得：

1. 站在开发商员工的角度去想问题：他们普遍竞争意识强烈，背有很大的业绩压力，需有友人帮助，我们应当和他们的目标保持适当地一致。

2. 甲方的信任能做到事半功倍：得到信任后不但能有利于我们营销思路的落实，更能在与其他合作单位的沟通中占据主动。

3. 专业服务的体现：工作对接中，提出的建议要有营销专业的高度，提供超值服务，体现世联的营销价值。

STORY 5 只有向前

2010年4月，项目已处于清盘前的最后阶段，不料平地惊雷——楼市新政一出，市场投资型小户型产品一下感受到了冰火两重天。项目组采用了推广、活动、话术、价格等多种手段，销售依然面临相当大的阻力。为了实现预定目标，项目组别无出路，唯有向前。

如何向前：调整推广方向，主打首置客户；重新梳理客户，分别准备专门说辞；加强派单，销售经理、策划、业务员全员上街派单；知己知彼，全面剖析直接竞品；还有暖场活动、无敌CALL客、现场协作、网络推广等等。通过努力，项目组6月中旬成功清盘撤场。

心得：

1. 没有退路，只有向前：做项目就要摆脱杂念，暂停就是退步，只有向前。

2. 体谅和团结销售队伍：现场管理层一定要和销售队伍做到荣辱与共、共同进退，激发销售团队凝聚力。

3. 高度重视低成本推广：多使用短信、网络论坛和免费软文、销售员自行派单等低成本推广渠道，主动承担工作，为开发商减少成本。

服务这类大企业的要点总结：

1. 强有力的执行力和整合力。

2. 保证高销售业绩和客户满意度。

3. 提供专业的服务产品。

4. 理解并遵守对方公司的相关制度。

5. 体现团队价值。

目前项目已经实现结案撤场。回顾那段日子，我觉得自己的幸运是大大超过不幸的。尽管有苦痛，但却是成长的苦痛；尽管有辛酸，但却是胜利的辛酸。未来，我还将继续保持激情，展示专业，克难攻坚，与项目组一起实现更高的目标。

第999天

彭义

题记：从2007年3月18日首次面市，至2009年12月12日完美售罄，项目团队用999天完成了这个见证珠海世联成长的标杆项目。战友们兢兢业业、前赴后继，以坚定的信心、勇气和热诚坚持着，最终迎来完美售罄的硕果。这是一个承载珠海世联人梦想的光辉起点，哺育珠海世联成长、壮大的摇篮！谨以此文感谢所有曾在这片土壤上辛勤耕耘的伙伴！感激坚守项目的所有战友！

第999天到来得略显突然，但又十分的顺其自然，

翘首期盼了许久的捷报，其实一切理所当然！

没有欣喜，没有狂欢，没有矫情，没有泪水……

在心底演练了无数遍，这一天到来的时候，

我们会如何如何地隆重与轰动，

甚至一度还准备了这一天到来时欢庆的香槟，

只是，当它完全在预期之中，而又带着一点意外降临身边，

我们突然平静了，一条简讯："项目售罄！"

简单、淡泊。痛快！憋了999天的气息，消失了。

原本以为，一切会在这一天到来之时爆炸性地释放，

释放所有的欢喜、抱怨、得意、焦虑、纠结……

但当真的面对这样一天，

发觉没有了任何需要宣泄的情绪，如此的释然，

猛然觉悟，昨日那群腼腆的孩子已然破茧成蝶。

此刻，多希望能够和曾经的你们紧紧拥抱，

倾诉所有的快与不快，

在彼此的目光中寻找昨日的激情。

如今，我们已踏上各自新的征程，那么远又那么近。

无需多言，你们都懂！

相信许多年后，同行们依然会讲述着我们的故事！

梦想汇聚的城市，善于创造奇迹，升华愿景。

如今的珠海，无数个愿望被付诸现实，无数个奇迹在不断创造，

新的历史机遇，珠海世联站在新的起跑点，

迎接珠江西岸核心城市崛起新纪元！

历史将铭记：2009年12月12日，999天。

> 3年来，从项目团队成长出项目经理12名，策划经理3名，高级策划师2名，策划师3名。

绚丽的舞台，永不落幕的西岸核心，让我们记录下这一路风景：

2006年10月，世联团队进场；

2007年3月18日，一期产品开盘，4小时全部售罄，刷新珠海房地产市场营销模式的一系列记录；

2007年5月，一期产品封顶，市场开始期待新品；

2007年9月22日，珠海首创最大规模业主答谢会顺利举办；

2007年10月1日，二期样板房开放，前所未有的海居体验，奏响项目二期销售的前奏；

2007年12月22日，二期开盘，当日实现销售率65%，再次给了淡市楼市信心！

2008年3月，各地楼市已然步入严冬，项目以每周一套样板房展示配合主力产品推售，进行二期持销攻坚战，颠覆"珠海速度"；

2008年4月13日，三期超高层产品发布会，珠海第一座超高层住宅屹立情侣路；

2008年5月1日，超高层首批产品发售，淡市中杀出一条血路；

2008年7~10月，团队转战北京、浙江义乌、山西太原，办巡展、挖客户，在淡市中求生存！

2008年9月，全体业主满意度维护，感谢客户在艰难时刻的认同与追随；

2008年10，创新营销手法，以"拎包入住"计划、"完美一搭一"计划，在激烈竞争中厮杀，争夺市场份额；

2009年3月，尾盘阶段，销售团队坚守岗位，拓展客户群体，维系老客户，以"老带新"重复购买屡创佳绩；

2009年4～8月，低成本营销阶段，项目组自己举办暖场活动、客户维系活动，售楼处依然门庭若市；

2009年9月，组织业主中秋家宴，维护客户满意度，满意度维护工作与销售工作完成得同样出色；

2009年12月，完美售罄！

3年来，从项目团队成长出项目经理12名，策划经理3名，高级策划师2名，策划师3名。3年的历练，团队成熟了，昔日的新人已经成长，年轻的团队已经蜕变。褪去浮躁与傲慢，一个久经沙场的团队正奔腾在珠海！

"'选择了这个时代发展最快的房地产行业，在这个行业选择了最朝阳的房地产咨询公司世联地产，如果你还没有成功，那只能是你自己的原因'，这句话让2008年毕业的我进入了世联，也一直激励着我。我给自己定了3年的目标，在这个阶段就要认识世联，利用这个大平台，好好地成长！"

——世联地产华南区域2010年度杰出主策奖获得者 陈学华

漂亮的反超

黄晔

公司临时接下来一个联合代理销售项目，销售团队急需组建，办公物资急等调拨，人员培训亟待开始。而对方公司已经提前一个月进场蓄客，我们必须发动强大的组织能力，协调资源迅速进入战斗状态。因为我们知道，在残酷的市场竞争中，每一秒都弥足珍贵。

3月13日，集合的第一天。一支充满战斗力的团队将由面前的8个人打造出来。短暂的自我介绍让彼此间的陌生感迅速消融，项目经理现身说法，每个人都被紧迫的局势所感染。作为深深认同并时刻追寻世联精神者，大家斗志昂扬。案场说辞马上被发到个人手上，一个小时的准备时

距离开盘眼看只剩两天了，市场突然转冷，客户大批观望，团队的信心受到了莫大考验。怎么办？

间，下午4点即刻考核，通不过的人马上调往其他项目！前一秒还颇显安静的现场，下一刻俨然书声琅琅，我们惊喜地看到，不论你来自何方，有过怎样的经历，但是这一刻，所有人都在为同一个目标而努力。在这样的高度统一之下，有什么困难是团队所不能克服的？第一天的考核没有一个人被淘汰！

开盘定在4月17日，准备工作正紧锣密鼓地展开。经过共同的努力，滞后对手一个月蓄客的世联团队已经在客户登记数量上实现了反超。眼看已进入最后的冲刺阶段，大家踌躇满志，就等着开盘时打个漂亮的胜仗。

4月15日，房地产新政突然颁布，新"国十条"重拳出击，媒体争相报道，业内人心惶惶。距离开盘眼看只剩两天了，市场突然转冷，客户大批观望，团队的信心受到了莫大考验。怎么办？

公司总监直接扑到团队一线，重新摸排客户、调整策略、制定说辞。领导与大家一起熬夜到晚上12点，忘记吃饭，冷水泡面也能充饥；郊区盘半夜出门打不到出租车，大家就一起在路边50块一晚的简陋旅社里过夜。

两天没日没夜的工作，我们在落后对手的情况下，最后在联合代理中成功反超！

作为一支年轻而充满斗志的队伍，我相信，一切才刚刚开始。

房地产服务业者的诗意人生

蔡伟

6月初我来到大庆，做"北国之春·梦幻城"项目的销售筹备工作。也许是自己属马的原因，看到茵茵绿草、渺渺湿地，心绪豁然开朗。

"北国之春"项目规划宏伟，与同事前往地块踏勘，一次步行、一次骑车，偶得打油诗一首：

梦幻城有感

北国之春沐艳阳，

梦幻城里逐理想。

气吞山河志更新，

脚踏实地行铿锵。

巧得很，所租宿舍的房东是个爱好书法的人，于是向他求字。两瓶红星二锅头作为礼敬，得字一副：竖轴，黄色宣纸（印有十八罗汉像），隶书。闻着阵阵墨香，甚是欢喜。

大庆夏日晚间，微风阵阵，清凉宜人；昼长夜短，没有多少睡意。不知哪儿犯了酸劲，又得打油诗一首：

时不我待

时光荏苒几年间有无长进？

不求甚解一生中能有何为？

我等非闲刀在鞘锋芒藏身，

待看风云马奋蹄驰骋沙场。

自鸣得意之余，连夜将此群发给华北区域的同事。第二天，战友们回复若干，受其中一位仁兄启发，又得杂诗四句：

分秒必争

分疆作战为梦想从不言怠，

秒秒时时有激情苦乐自甘。

必无悔人生卅年当立则立，

争向前如今岁月怎敢虚度？

感觉好得很，又将此群发出去，引来"拍砖"无数。

7月中旬的一个晚上，又一次回到哈尔滨项目组宿舍，倍感亲切；看到同事的卧室门上行书"虎啸轩"，遂笑谈一定要做诗一首与之相和。当夜，得诗如下：

虎虎生威莫道不复当年之勇，

笑傲江湖何问哪是英雄来路？

轩门论剑但凭一身武艺胆气，

昂首阔步谁言我辈本当平凡？

第二天，这位同事回词一首"满江红"。快意所至，又复作词一首：

沁园春·生问

生逢盛世，前鉴殷殷，我辈何为？

思名士先贤，警世良言，英雄豪杰，丰功伟业。

时代更迭，风云各异，待看际会事业成。

命重否？看生之为何，去之为何。

人生几度春秋，如今岁月怎可虚掷？

想今人今事，可比前朝？现时现地，胜过往昔？

富贵名利，众所好求，此生能带金几许？

望星空，生活大境界，辽阔无垠。

后来有新同事加盟我们部门，为示欢迎，群发诗四句：

欢歌笑语乐朋新时代奋发图强，

迎来送往礼贤大团队兼容并蓄。

天时地利人和世联人大展宏图，

生产学习抗战各条线齐头并进。

又引来回件数封，被领导夸为"有思想的有志青年"，甚是自得。

不久前，有合作单位来项目考察，准备介绍资料的时候，有所想，又填词一首：

沁园春·梦幻城

梦里故乡，幻之美景，城中尽现。

赏北国之春，绿草茵茵，五湖连天，碧波滔滔。

挥杆垒上，策马扬鞭，多彩生活书画篇。

待冬至，观冰上婀娜，别番韵味。

风景这边更好，引无数游客恋忘返。

看龙返盛世，福瑞祥和，妙境奇遇，心思灵动。

温泉送暖，巧手构殿，相依相伴乐陶陶。

引潮流，领经济转型，大展宏图。

看到山东邮件群组启用，身为齐鲁子弟，仿"满江红"填词，献丑一奉，以表祝贺：

满江红·信立怡高

齐鲁大地，群英荟，声威远扬。

信为先，桃园结义，三分天下。

立言践行莫等闲，审时度势忙创业。

风云起，看我辈驰骋，天地宽。

新形势，大联合。

怡筹谋，策格局；望团队作战，红遍中华。

高歌入云现志向，步武前贤蓝图成。

畅生平，豪气荡乾坤，史留名。

1个月之中，有20多天在项目驻场，然而，"前线"的故事很精彩，"前线"的生活很诗意。

> "世联是知识大海洋，把自己当海绵，积极去吸收；世联是个锻炼场，把自己当生铁，积极去历练；世联是轰鸣的火车头，把自己当铆钉，团队共成长！"
>
> —— 世联地产华北区域2010年度优秀新员工奖获得者 李轶

第三篇

行胜于言，以经纪的名义

行胜于言，以经纪的名义

诚心 耐心 信心

刁海燕

　　跟客户杨小姐已经认识4年了，这其间因为楼市波动较大，杨小姐一直犹豫不敢下手，所以这4年期间都没有买过房子。杨小姐年龄跟我相仿，性格直爽，和我很谈得来。只要是关于房子的事她都会咨询我。比如哪里开盘了，她想去了解的话就会打电话给我，叫我一起去看看。如果她有物业想要出手也会咨询我的看法，问我现在市场情况如何，价格是否合适等。我都会站在她的角度，比较客观和专业地帮她分析，给她建议。

　　在与杨小姐的接触中，我了解到，因为家庭结构的变化，她想要换大房子。2007年下半年开始，因为政府调控，楼市波动很大，很多客户都不看好后市，觉得房价一定会跌，大家都持观望态度。杨小姐也是这种情况，虽然其间她看上过一套房子，但因为老公极力反对只好作罢。正因为她错过了那次机会，所以当后来再有合适的房子时，她便会毫不犹豫了。

　　2009年杨小姐因为公司业务扩展，被调到外地去了，在那段时期我经

常会发短信问候她，有一些市场信息也会知会她，让她随时了解市场的动态。2010年新年刚过，在跟杨小姐聊天的时候，她透露自己近期想买一套房，如果有好的房子可以推荐给她。所以当符合她需求的这套房子刚一放盘，我立刻约她过来看房。因为对客户比较了解，知道她的需求，所以这种户型她一看就很喜欢。在看房过程中她提了很多问题，我都一一帮她解决了。当天下午我们就约业主过来，很顺利地签了合同。在签完合同后客户还跟我的经理说了一句特别让我感动的话：如果不是刁海燕给我电话，其他人让我过来看房子我是绝对不会理会的。

就这次成交案例，我总结了以下几点：

1.对待客户要像朋友一样，一定要真诚，多站在客户的立场着想，帮他们分析，提出好建议。

2.跟进客户是一项长期的工作，要耐心等候时机。

3.要多了解客户的需求，及时跟进。

更值得高兴的是，有了这一单的经验，我对自己更为有信心，之后的工作更是如鱼得水。现在我可以自信自豪地对客户说，我是豪宅专家！

就这样，Gary成了我的客户，并成了我的第一个外国朋友。

我的第一位外国租客

黄婷婷

2008年9月份，我带着梦想和希望只身一人来到深圳。带着泪水，我没有能够被世联录用。我对自己说：一年后，等我准备好了，我一定会再回世联。我认可这个公司，我认可这个公司的企业文化和平台，我喜欢"世联因团队而强大"！

说了大家可能不相信，我每个月都会到世联的店铺，站在那里呆呆地注目着，看到的每一个画面、每一个人的笑脸、每个人的眼神，都让我触动，随后依恋地离去。每去一次，我心中的力量就强大一点。所以，我一直做着准备，希望能有资格进入这个公司。2009年8月的一天，看到世联的公开专场招聘信息，我很兴奋，心想：我重回世联的机会来了！经过面试成功，和跑盘考核合格，2009年9月，我办了入职手续，正式成为世联的一员。是的，我终于回来了！

在这里上班的感觉很不一样，这是一个充满着新鲜血液的公司，一个让我感觉到很亲切的公司。新的工作，新的环境，每天上班都是激情澎湃，精力充沛，斗志昂扬。

一天下午1点多，有位叫Gary的外籍人士拿着一个本子，走到我们公司。他往里看，我们的同事你看我我看你，都不知道该怎么办。

这时我胆怯地迎上去，用很生疏的英文跟他说："Excuse me, are you

looking for Stephen?（请问，您是来找小史的吗？）"

　　小史是我知道的我们分行里英语最流利的，我还以为是他的客户来找他，但他当时没有在公司。

　　"No, I'm looking for an apartment, I want to rent an apartment.（不是，我是来找房子的，我想租间公寓。）"

　　后来在交谈中我得知，Gary第一次来中国，是做外贸业务的，想在他公司附近租间公寓。就这样，Gary成为我的客户，并成了我的第一个外国朋友。在跟他交流的过程中我了解了他的需求，两天后，我和另一位同事合作，帮他租了一套适合他的二手房。我当时的兴奋心情简直无法用言语形容，原来在这里我还可以发挥一下自己的小小专长：说简单的英文。真令人兴奋！

新人首月3张单的考验

于立丽

　　想起刚刚毕业时的我像只被放出笼子的小鸟，修炼了二十多年的翅膀终于可以在天空自由自在地翱翔了。怀揣着伟大的梦想，我从中国的最北方来到了中国的最南方，一心想着自己以后的日子一定会像这南北的跨越般新鲜、刺激而令人激动。找工作期间我也异常兴奋，因为我最终来到了世联行。

　　想起从家里出门之前亲人们的叮嘱："孤身在外凡事要小心，外面的坏人很多。"于是我战战兢兢地开始了人生的第一份工作。之后在与同事相处的日子中我渐渐地看懂了这个世界，其实这个世界哪有那么多坏人，家里人也太过忧心了。不过我会在取得成绩之后让他们知道我适应得很好，让他们放心。于是我告诉我自己，我要努力……

> "对于一个新人来说，一连几个月没单开，并不一定是坏事，而相反，一个一进来就开单的新人也并不一定是顺利的。"

6月的深圳，天气已经酷热难耐了。白天太阳明晃晃的，路上行人很少，水泥路上的车辆却是川流不息。这个时候，我们没有坐在空调房里，而是跑出去寻找有兴趣购房的客户。就这样，刚进世联的日子在烈日的陪伴下度过了，因为没有太阳伞，我也没备防晒霜，皮肤被太阳晒到严重脱水，所有露在外面的皮肤都开始一层层脱皮。还没脱掉的皮是黑的，脱完的地方是白的。朋友们都说你一个女孩子怎么搞成这样，像得了白癜风一样。

那段时间真的很辛苦，早晨9点上班，晚上10点下班，每次下班都赶不上回家的最后一趟公车，只能转几路车回家。每次到家都几乎到凌晨了，于是死猪般沉沉睡去，第二天再挣扎着起床。曾经多少次，我都宁愿一睡不醒。但我坚信，付出努力终究会成功的。在不懈努力下，我终于出单了，当我实现人生中的第一个单，我的心情复杂之极，惊喜，激动，小心翼翼。为了让自己走得更远、飞得更高，我开始更深入地了解房地产专业知识。

拿到这一单时我入行不到一个月，老员工说我算是开单快的了，在这个单后同一个月内，我又相继开了两张买卖单，这让大家惊奇不已。于是一个新人在一个月内连开三张买卖单成为当时一段传奇的励志故事。在那之后的一段时间，好多分行经理找我去做分享，更是把我夸做销售模范人物，给我颁奖。一时间似乎全世界都在捧我，曾经我也以为自己会这样一直走下去，可接下来的情况让我措手不及。

之后一连6个月，我再也没有开单。那6个月里，巨大的压力压得我不能呼吸，还好朋友们一直在背后支持着我，于是我一直坚持，并不断反思。那段时间我真的好累，但却心有不甘。我想起刚入行时，一名老员工跟我说的话："对于一个新人来说，一连几个月没单开，并不一定是坏事，而相反，一个一进来就开单的新人也并不一定是顺利的。"我终于明白了其中的道理。

于是我又开始积极地工作，一切的一切困难重重、周而复始，但我终于在一个月后再次开单了。久违了的开单感觉让我感触颇深，更多的是欣慰。我会更努力的，要让这欣慰不停地复制下去。非常感谢经理在我遇到困难时给予我极大的帮助，感谢世联行，让我成长，让我羽翼丰满……

一个单就是一次最佳的培训

张龙华

在做这份工作之前，我还是一名港资公司的中层技术管理员。偶然的机会，也基于不安于现状的心理，我毅然辞去了从事15年的工作，投入到地产经纪行业。快1年了，总结自己的经历：一个单就是一次最佳的培训课。

客户源于日常工作中

在一次业主跟进中，我与一个业主聊得很投缘。我们聊到了某知名开发商开发的房子和他们的管理，业主讲了一句话："我就是喜欢他们的房子。"我把这个业主作为潜在客户记到客户本上，还特地把他刚才说的那句话也记录在案。

诚心打动客户

在那个知名开发商的一个项目开盘的时候，我翻着客户本儿寻找客户，看到了之前那位业主说的那句话。我拨通了他的电话。当客户问到这个项目的详细信息时，由于还没来得及去踩盘，所以面对这个需要精确数据的客户，我如实地说了一句话："听同事说户型很不错，您有时间，我们去看看，不喜欢我们就回来，当散步吧。"

客户当时特别关注同一开发商另一个项目的情况，我这边有消息都会及时地发信息给他。有天晚上10点了，我们还在通电话聊该项目的房子。客户觉得这个项目比我之前推荐项目的房子贵，答应第二天和我一起去我推荐的项目。见到客户时，他同我说了一句话，让我觉得做业务诚实

是最重要的。客户对我说："张小姐，我觉得你不是一个劲儿地吹房子如何如何好，所以就冲你这份诚实，我来了。"

专业是关键

我们看了88平方米的样板房，客户却还想看88平方米的复式，我便带着他去看复式样板房。看完回到销售中心，客户却在两个户型之间犹豫不决。一边是位置差点儿的复式，一边是位置安静的平面。

正当客户犹豫不决的时候，代理部的一位同事仔细地帮客户分析了一下，他说："我们分析一下您对房子的要求，我们把噪音因素定为100%，如果您考虑这个因素的心理占了80%，位置因素占20%的话，您就选择安静的平面。"客户采纳了他的建议，选择了88平方米的平面单位。最后客户双手握住我这位同事的手说："你太专业了。"

成单的结果是收获

选择了户型并将事情定下，已是晚上7点多了。回来的路上，我一直在想：虽然是一个简单的新房售单，但我收获的不光是佣金，更多的是别人无法传授的经验和技巧。

坚守到最后一位客户

侯东鹏

现在细想我在世联的工作历程，我深深地体会到了这句话：地产界是一个创造奇迹的地方，每一分钟都会有神话，都会有一段新的成功故事。在地产行业，心有多大，舞台就会有多大。当时刚从大学走向社会的我毅然选择了投身房地产这个行业，我选择了世联行，一个在业界口碑甚好的大家庭，也正式开始了我的职业生涯。

跑盘、熟盘、挖掘客户并设法促成订单，其中，既有喜也有愁，但总的来说忙碌而充实。我享受这种辛勤付出给我带来的成功喜悦，虽然累，但值得！

我印象最深刻的莫过于一次项目的联动经验。该项目位于惠州淡

水，是一个离深圳一小时车程的项目。在对项目进行介绍演讲之后，世联行各分行积极响应，踊跃参与。开盘当天，世联行即联动成交16套，远超竞争对手。此次联动，我与其他三位同事在经理的带领下，通过三四天辛勤的付出也成功销售一套。虽然只有一套，但这个成绩真的来之不易。

开盘前两天，我们四人不停地通过电话向客户推荐，约好开盘当天到现场看楼。我们成功约到了11批客户。开盘当天，我们早早便到达现场，等待客户到来。虽然当天酷暑难耐，但我们始终保持着激情，热情地为每一位约至的客户讲解沙盘，带其参观样板房，细心地计算价格明细并解答客户疑问。我们几个都是激情澎湃，想着总有客户看上心仪的房子。但是这一天，虽然我们约至的客户量不少，但无论我们怎么讲解、怎么推荐，始终还是没有客户选定。零成交对我们的打击还是挺大的，毕竟我们付出了很多的努力。看着四个被太阳晒得黑里透红的脸蛋，经理不断鼓励我们，帮我们总结今天的工作并部署明天的计划。当天晚上，我们决定暂不返回深圳，呆在惠州利用晚上的时间继续联系客户。从7点到10点三个小时，我们又成功约到不下10批客户。

第二天我们再一次早早来到售楼处等待客户。第一批客户于9点30分到达，9点45分第二批，10点半第三批，11点第四批，然后是第五批、第六批、第七批、第八批……可是仍然没有客户选定。最后一批客户于约定的时间下午5点钟到达项目点。由于前面经历的挫折，让我们有些信心不足。经理也对我们说，带完最后一位客户我们就打道回府，起程回深圳了。时间一秒一秒地过去，最后一位客户已经呆了将近一个小时，终于成功选定了一套。这对我们来说真是天大的喜讯。开盘两天的付出及开盘前的所有努力，终于都有了回报，虽然过程很累很累，但是成果却是甜的。

此次经历更加坚定了我从事地产业的信念。我会继续加倍努力，相信不久的一天我也能成为一名地产"奇迹人"！

> 签约头一天晚上我一夜没睡，纠结着等待明天，还是不敢面对。我悄悄地躲着、看着，心里揪得紧紧的。

我的第一单

侯梓璇

记得那年7月的一天，来了一对中年夫妇，男方是外籍人士，他们想求租一套三房或四房，就要我们门店所在小区里面的，但必须带固定车位，家私齐全而且小区附近要方便遛狗。他们现住的房子租期是到月底，所以，必须在这两天把房子给定下来，以免月底找房太仓促而耽误行程。

了解了客户的需求和意向后，我们约好第二天早上9:30让客户来看房。客户说会准时到。回到公司，我们开始找盘。根据客户的需求，有个项目的一期相对适合他们，因为一期是小高层，密度低，车位比较充足，园林安静。我们找了两套房，一切准备就绪，就等待明天看房了。

第二天客户准时到达，但由于车位的问题和业主的要求协商未果，两套房都没有选中。中午了，没有更好的房推介给客户，客户提到下午会去一个较远处的楼盘看房，让我们有适合的房再联系他们。客户离开后，一位同事外出看房回到公司，我跟她聊了此事，她分析了一下客户的需求，建议我给客户打电话，对比我们所在的小区楼盘和客户下午要去的更远处的楼盘，分析租金、户型、交通和小区配套及环境，刚好客户去那个楼盘也没有看中适合的房子，我于是成功说服了客户，选择了推荐的两套房中的一套。因为这套房的业主在国外，房子第一次出租，客户又是长

租，所以对于双方而言都非常适合。

最后客户同意签合同。这是我亲自操刀的第一单，安排同事约租赁双方第二天一早签约，签约头一天晚上我一夜没睡，纠结着等待明天，还是不敢面对。我悄悄地躲着、看着，心里揪得紧紧的。终于，心里的石头落地，紧绷的心也放松了，舒一口气，好清新……

6小时的一单

曹长勇

下午4点，闷热的天气，我一如既往在分行内CALL客。但连续打了几十个电话都没有约出客户看房，便起身去分行外面透透气，顺便接接上门客户。

走到门口，见到两位小女孩打着太阳伞在看橱窗广告。我礼貌地快步迎向客户打招呼："您好！请问有什么可以帮到您的吗？"

其中个子高一点的女孩子看了我一眼，仍自顾自地跟朋友讨论广告，根本不理我！我看客户没有即刻走开的意思，不禁心里暗想："可能是有买房意向的客户，千万不能马虎。"

我马上回分行倒了两杯水出来给客户，说："这么炎热的天气都持续好几天了，请喝点水吧。"

这时她们才露出笑容，并跟我说了第一句话："是啊，这个天气搞得我们都不想出门了。今天过来跟朋友聚会，顺便也来了解一下这周边房子的行情！"

"那请进来详细了解一下吧，外面站着多热啊！"

我做了个请的手势，客户也没有什么理由拒绝我了。

客户进了分行，问了几个楼盘情况。从侧面的沟通中我了解到，客户姓曹，房子是买给父母住的。我边和客户聊着，脑子里边快速地搜索符合她要求的房子。为了节约时间，我让同事也帮忙找盘。

很快，我们约好了一起去看房子。在去看房的路上，我给曹小姐分析着大体环境、配套、市场。我们看的第一套是楼层高的，价钱也是最高

的；第二套楼层适中，价钱算是市场价，但是房况不如第一套。看完这两套后我马上向客户询问看后的感受和想法。

客户觉得第一套楼层高视野很好，但是价钱太高，觉得给老人住没必要为了楼层多付出那么多钱；第二套价钱还可以，但房况不好，自己又没时间去搞装修。如果自己打掉原来的装修重新装修，那么成本就和第一套的一样了，楼层还不如第一套呢！做完分析后，她觉得都不满意。看着客户失望的样子，我又恳请公司的同事赶紧在系统中再查找符合曹小姐意向的房源。感谢强大的系统平台，同事很快又帮我们找到一套房源，客户也很高兴，但她先生还在应酬生意没法过来，我们只能先带曹小姐看了。

看房的过程非常顺利。回到公司，客户表示要等她先生过来再决定。晚上9点左右，客户的先生过来了。我们在等电梯的过程中，分析了此房的优势，并与其他楼盘做了对比。看房的过程很快，下来的时候我们就跟客户沟通了付款方式与交易流程。客户对房子的价格非常满意！剩下来就是约业主签合同了。曹小姐的先生非常信任世联行的品牌，所以签约一气呵成！短短6个小时便顺利拿下了此单！

爱产品，更爱客户

王高峰

我一直认为业主为我们提供产品，热爱产品才能卖出产品，所以要与业主建立良好关系，而客户更是我们的衣食父母，有什么理由不爱他们呢？爱客户就是要把最合适他们的产品卖给他们。

那是在市场相当低迷的2008年春天，同事转给我一位客户。他告诉了我客户的情况：一对很有修养的夫妇，女的姓刘，我们叫她刘姐，他们之前长期居住在海外，现在回国发展，想在深圳购买一套景观好、周边不要太热闹的房子，价格是他们考虑的次要因素。

2008年是市场低迷期，很少有人买房子，而我刚进入地产业，经验少、胆量小，所以我小心翼翼地把客户封存起来，一直不敢给他们电话，只是暗地里帮他们打量哪些房子适合他们。直到4月份的某一天，有个项目开盘，产品高端而神秘，我听了宣讲后非常兴奋，对产品有强烈的认同感。这个项目背山面海，都能想象出春暖花开的景象，貌似只有在诗里才会出现这类房子。

我第一时间就想到了客户刘姐，由于我对这个项目很有信心，在给她打电话时我非常有热情，也因此很快地约出了客户。这是我第一次约客户看这种最高端的产品，心情非常激动。第二天我早早地在项目附近的酒店大堂等候，客户稍晚些的时候到达，车在酒店门口停了下来。客户为晚

来几分钟做了简单说明和道歉。接着我们进行了项目介绍，并带客户参观了项目。

由于客户是第一次参观项目，所以非常激动，为项目所震撼。那天下了一点小雨，雾气没有散尽，山上云蒸霞蔚，简直是人间仙境；置身其中，恍如隔世。虽然雨天的美景美不胜收，但却阻碍了视线，让我们无法领略山的雄伟和大海长天一色的气势。在跟客户闲聊中我们确定了这是合适他们的产品。

客户有两个意向单位，户型、朝向、价格、舒适度都挺合适，但是，其中一个停车场入口太陡，车辆出入不是太方便，另一个景观的视野不够宽阔。总之都不尽如人意，但客户还是倾向于第一个。由于下雨看不出大海的景色，客户不是很放心景观，想等天晴时再来看看。然而，当天晚上，有同事告诉我，客户倾向的那套房子卖掉了。而当时没有其他的产品更适合他们，我心里也觉得很难受。

接下来的日子里，我做了大量分析工作，并找了相关资料。首先是市场分析，其次进行产品对比，我发现无论是价格、资源、名气，这个项目都有明显的优势。当你热爱一个产品后，你会挖掘产品的潜力和看不到的美，并常常问自己，如果你是客户，你会买吗？如果回答是肯定的，那就赶紧把产品推荐给客户，最重要的是把对产品的爱传递给客户。在之后的日子里，我不断和客户沟通并把这种感觉传达给客户，客户也表达了同感，只说没有碰到能让他们马上确定的一套。每次和刘姐电话，我们都能聊半小时以上。真的，爱客户，真诚地为他着想，客户一定可以感觉出来！

　　到了6月份，事情有了转机。项目二区推出来了，产品面积小些，总价相对便宜，性价比更高。在项目组给我们做介绍的当晚，我就给客户电话，客户答应去看现场。经过先前的准备，加上对产品的信心、对客户的了解做铺垫，我们成竹在胸。第二天，客户准时到了，半个小时后就确定了两个独立单位。在回来的路上，客户告诉我："小王，你真能坚持，市场不好，没有人买房，我和先生都准备放弃了，如果你晚一天告诉我，就没有机会了。"我笑了笑，没有说话。爱客户，就要把最好的产品卖给他们！

> 小柳努力地和潘先生攀谈着，聊了一路的家乡话，潘先生的话也开始多起来。

5小时销售日记

李伟

上午10点，公交站，炽热。

"潘先生，我是小柳，您到了吗？哦，快到啦，我就在天桥下面的站台等您，好的。"

"经理，潘先生马上就到了。"

"好，资料都准备好了吗？"

"准备好了。"

"好。"

连续几天不停地打电话已经让小柳的嗓子有些沙哑，带着疲倦的眼神里闪烁着兴奋。

"这几天累坏了，要学会保养自己，嗓子都哑了。"

"打了好多电话，我都记不清了，对了经理，你说潘先生他会不会买啊？"

"适合就会买，见面再看，不要急。"

一个上身白色体恤下身帆布短裤脚穿凉鞋的30岁左右的男性向我们走来。

"你是小柳吧？"

"我是小柳，您是潘先生？您好，这是我们经理。"

小柳诧异地向我眨了眨眼睛，我点了点头。

"你好潘哥，我是小李，这是我的名片，我们打车过去？"

"坐公交吧，也不远，对了小柳，我想看看资料。"

"好，给您。"

上午10点10分，公交车上，凉爽。

小柳努力地和潘先生攀谈着，聊了一路的家乡话，潘先生的话也开始多起来。他来深圳10年了，在这里做IT，工作不错，已经结婚了，有一个小孩。因为小柳打了几次电话，以前都没有空，这几天刚好休息，就过来看看。

上午11点，售楼处门口，炽热。

下车走了20分钟到了售楼处，3人全身都是汗。售楼处同事给我们介绍楼盘的特点。潘先生看了一遍又一遍。

"小李，你帮我看看刚才看好的那套公寓还有没有，我叫我老婆过来看一下。"

"好！"

潘先生一个电话接着一个电话地打，等待潘太太中……

下午1点30分，售楼处门口，炽热。

潘太太来了，我们带着潘先生、潘太太一遍一遍地看，一遍又一遍地讲解，介绍楼盘的优势，并给他们绘画蓝图。经过一段磋商之后，潘太太终于下了最后决定。

"小李，我们就要这套了，贷款的问题你帮忙落实一下，还有价格你再帮忙看一下能不能少。"

半个小时后，送走了潘先生、潘太太，小柳高兴地和我击掌。

"经理，终于成交了。"

"恭喜你，你今天真棒，再接再厉。"

下午3点，售楼处门口，炽热，但，心里爽！

後来客户因为突然出现的情况而临时决定不租了。我们只好协助解除合同，并安慰她。事情处理完，我心里很压抑。

一张未成的单

江松培

大学毕业后，在我彷徨何去何从时，懵懂地踏上了来深圳的列车，开始了我的求职历程。繁华的大都市，坚定了我的拼搏信心。一个偶然的机会，我进入了世联，开始了我的职业生涯，也开始实现我自己的人生规划。这要从我的第一张租单说起！

在一个烈日炎炎的夏日中午，我接待了一位求租客。当时按她的要求找了几套房子，一报价格就把她吓了一跳，但她还是想看一下。于是我叫上了另一个同事，一起带她去看房子。当时我挺高兴，终于有客户了。但客户最终没有看上房子，主要是价格原因。离开时，客户让我们再帮她找找更便宜的。

于是我天天关注更新的房源。过了一星期，刚好有一套租金较为适中的两房出租。我及时联系业主落实情况，约了客户过来。客户一进房，左看右看，能感觉到她对房子很喜欢。她悄悄问我，价格还能否低点。我跟业主协商，业主说无法再低了。我同事在旁边说："女孩子住嘛，会很爱惜您的房子的。您再给她优惠一些，相当于买个省心。"业主觉得有道理，就松口又优惠了一些，合同签成了。

然而，这件事情还没有结束，后来客户因为突然出现的情况而临时决定不租了。我们只好协助解除合同，并安慰她。事情处理完，我心里很压抑，一方面是因为我的第一个单没有做成，另一方面是因为租客自己也是工薪族，虽然是她自己碰到了特殊情况不能租这里，但自己也承受了一定的损失。这个单让我忙了好几天，但让我明白，作为地产行业从业人员，我们做的是服务，即便有外界环境影响，我们也要坚守自己的判断和公正的立场。

在此之后，我进一步了解了房地产，了解了交易流程，了解了消费者心态和处事方法，这一切让我更有勇气有毅力坚持自己当初的选择。我要感谢我的第一张单，即便是未成的单。

没看房就成交的一单

杨洁

　　2010年4月7日那天，我还是像往常一样上班。我已经习惯性地喜欢"盯"门口客，虽然人坐在办公室里，但目光常常透过玻璃窗，看外面是否有客户要咨询房子的事情。哪怕是路过只驻足一小会儿，我都会很敏感地赶紧跑出去热情地跟客户打招呼。今天也不例外。

　　客户张先生有朋友住本小区，他俩经过公司玻璃窗时，我们同时看到对方并相互微笑致意！我赶紧跑到门口询问并接待了他们。客户张先生是外地人，第一次来小区，听朋友说这小区不错，环境好，交通便利，便想在本小区买个三至四房自住。

　　具体了解客户的心理需求及想法后，我脑子里第一反应就想到了有一套房比较适合他。但那套房正好有租客住，暂时不方便看房。对于大部分买房的客户来说，如果连房子都不能看一眼，那房子绝对是非常难卖出去的。虽然我有点犯愁，但还是实话告诉客户此房的具体真实情况。由于这套房子之前就是我租出去的，所以我对该房非常了解，为张先生仔细分析了房子本身的很多特点。

　　客户听了我的一番介绍后，表示对该房有浓厚的兴趣。为了给客户多个选择做比较，我又给他推荐了一套四房的，有钥匙可以看房，装修保

养都不错，楼层也差不多。客户看了后觉得性价比没那套高，且有些吵。

我们一边走一边聊，对于这样的优质客户，在我心底已经有了一丝的希望。有了前面工作的铺垫，我面对客户时更加有自信，再次讲解时拥有更多的激情，并给客户提供了中肯的建议，让客户感觉我们世联地产不仅房子是最好的，业务员也是最好的！很快客户就定下了有租户的那套房子，从接待到看房到决定，总共不到1个小时。

因业主也在外地，加上工作原因，不能很快回深圳签约，确定好双方的时间后还要等好几天才能继续下一步流程。在等待签约的几天里，我总是不放心，晚上连觉都睡不好，就怕万一出现状况。好不容易等到了签约的那天，因为对业主、客户真诚，签约当天很顺利！

没想到就这样，从开始卖房直到办完手续，客户都没有正式进入这套房子看过，但我知道，那也代表了客户对我们的信赖与认可！这件事不断提醒我客户的信赖是用自己的真诚换来的。

> 作为家中长子，家里大小事情总会找我做决断。我自知责任重大，为了这份信任我不得不谨慎抉择，即便结局不甚理想，身后总是绵绵亲情，充满了理解和宽容。

责任始于信任

黄志忠

题记：正是这份强烈的责任心，造就了每一个世联人强烈的使命感和自豪感；也正是这份强烈的责任心，推动着这支超级战队不畏困难、披荆斩棘、不断前行。

回望在世联度过的时光，我感受颇深，同时也受益匪浅。静思之后，觉得在这里促使我不断成长的一个重要原因，就是让我深深地体会到"责任"二字的意义。客户将置业择家这等人生大事交给了我们，我们自然而然就肩负起了一种源于社会认同的责任。

作为家中长子，家里大小事情总会找我做决断。我自知责任重大，为了这份信任我不得不谨慎抉择，即便结局不甚理想，身后总是绵绵亲情，充满了理解和宽容。可是在公司不同，牵一发而动全局，每一次成交都需要对各个细节精确把握，不容有丝毫闪失，而每一个小小的失误都有可能给客户造成损失。这不仅仅是客户的事情，也是我们的事情，因为他们对我们充满信任，我们不能让他们失望。所以可以说，在世联行的工作经历让我更加深刻地明白了"责任"二字的真实意义，也深深懂得了只有勇于承担责任的人才能快速进步与成长。

作为一名房地产三级市场经纪人，我深知同事们没日没夜地工作是出于一种责任感。家人、公司、客户对自己的信任，使得他们都渴望通过工作中的付出、积累和收获来回报。责任始于信任。

　　我们在一个团队中，每个人都有自己的责任，且共同承担着团队的责任。我们对客户责无旁贷，对身边每位同事的成长、成功或失败有着监督、激励和扶持的责任。正是这份强烈的责任心，造就了每一个世联人强烈的使命感和自豪感；也正是这份强烈的责任心推动着这支超级战队不畏困难、披荆斩棘、不断前行。

后记 ▶

来自前线的故事最有生命力

"没有一种工业生产资源的利用效率比人力资源更低了。少数企业由于能够挖掘出员工未曾开发的能力和精神潜力，从而实现了生产率和产出的大幅增长。在绝大多数企业里，提高生产率的主要途径就在于更好地利用人力资源。因此，企业管理层首要关心的问题，并非迄今为止备受关注的对物资和技术的管理，而应该是对人的管理。"

这是管理学大师彼得·德鲁克在他的著作《新社会》（*The New Society*）之中的洞见。而用来形容中国刻下的商业环境之中的人才任用，也非常贴切。

所以，当看到世联地产动员集团各个部门的资源，挖掘与呈现了这一批来自公司一线工作人员的真实故事时，我们深感，将其尽快出版并介绍给公众，会是一件对地产行业、对中国企业都非常有价值的举措。

世联地产作为一贯重视员工培养和平台成长的轻资产智力型服务企业，一直以其独有的价值观与企业文化，呈现出独特的公司气质。世联地产在实现百年基业的愿景同时，对于员工的关注也持续而具体。

就像德鲁克提醒公众所说的那样：我们也知道提高人力资源的效率和生产率的方法。首先，重要的不是技术和工资，最重要的是态度——我们称其为"管理者态度"。所谓"管理者态度"，就是指员工对待自己的职位、工作和产品的态度，要和经理人一样；这也是一种与群体工作和整体产品有关的态度。

对于一个希望成功地聚集和发挥人才价值的平台来说，必然会具有一种"组织的精神"。重要的是告诉员工你能够做什么，而不是不能够做什么！一个真正的管理者知道如何招募到专业技能比他更强的人，来为他服务。找出每一位员工的优点，让他们充分发挥，提高绩效，这是世联为前线员工提供的最有价值的支持。

中国房地产行业的价值实现在前线，数以千万计的买家在前线，市场的规律和成交的秘诀在前线。从这个意义上看，前线是地产英雄产生的所在！2004年，一部通过百余个故事来讲述地产中介人职业生涯的著作——《前线故事》出版，引起了市场的高度关注和广泛好评，是令公众记住世联地产的精彩出版物之一。书中呈现出来的一批批世联精英，他们大大小小的成长故事至今仍激励着世联人，也成为房地产服务行业的佳话！

作为该书的延续，此次出版的《前线故事》向我们呈现的是：面对一个调控下的、不确定的房地产市场，在世联地产最艰苦的地方、在最容易被忽视的地方、在最远离大本营的地方，每天都在发生着的、体现世联人真挚情感的真实故事。

商业观察家　陆新之

图书在版编目（CIP）数据

前线故事 / 世联地产编著. —太原：山西人民出版社，
2011.5

ISBN 978-7-203-07016-0

Ⅰ. ①前… Ⅱ. ①世… Ⅲ. ①房地产业—企业管理—经验
—中国 Ⅳ. ① F299.233.3

中国版本图书馆 CIP 数据核字（2010）第 207033 号

前线故事

编　　著：	世联地产
编　　委：	陈劲松　周晓华　梁兴安　张艾艾　朱　敏
	邢柏静　林　蔚　王　伟　滕柏松　王　芳
	周　璐　侯颖方　许　谦
编　　审：	王亚辉　刘君　甘　霖　朱昊　陈　静
责任编辑：	隋兆芸
特约编辑：	杜　君
装帧设计：	蔡俊波
出 版 者：	山西出版集团·山西人民出版社
地　　址：	太原市建设南路 21 号
邮　　编：	030012
发行营销：	0351-4922220　4955996　4956039
	0351-4922127（传真）　4956038（邮购）
E-mail：	sxskcb@163.com　发行部
	sxskcb@126.com　总编室
网　　址：	www.sxskcb.com
经 销 者：	山西出版集团·山西人民出版社
承 印 者：	三河市南阳印刷有限公司
开　　本：	710mm×1000mm　1/16
印　　张：	13.125
字　　数：	200 千字
版　　次：	2011 年 5 月　第 1 版
印　　次：	2011 年 5 月　第 1 次印刷
书　　号：	ISBN 978-7-203-07016-0
定　　价：	36.00 元